CB129907

PROCESSO DE MOVIMENTAÇÃO DE MERCADORIAS

Blucher

Daniel Alves

PROCESSO DE MOVIMENTAÇÃO DE MERCADORIAS

Processo de Movimentação de Mercadorias
© 2021 Daniel Alves
1ª edição – 2021
Editora Edgard Blücher Ltda.

Blucher

Rua Pedroso Alvarenga, 1245, 4° andar
04531-934 – São Paulo – SP – Brasil
Tel 55 11 3078-5366
contato@blucher.com.br
www.blucher.com.br

Segundo Novo Acordo Ortográfico, conforme 5. ed. do *Vocabulário Ortográfico da Língua Portuguesa*, Academia Brasileira de Letras, março de 2009.

É proibida a reprodução total ou parcial por quaisquer meios, sem autorização escrita da Editora.

Todos os direitos reservados pela Editora Edgard Blücher Ltda.

FICHA CATALOGRÁFICA

Alves, Daniel José Candido da Costa
Processos de movimentação de mercadorias / Daniel José Candido da Costa Alves. -- São Paulo : Blucher, 2021.
150 p.

Bibliografia
ISBN 978-65-5506-184-0

1. Administração de materiais 2. Armazenagem 3. Estoques - Administração 4. Logística (Organização) I. Título

21-2484 CDD 658.787

Índice para catálogo sistemático:
1. Administração de materiais

CONTEÚDO

APRESENTAÇÃO

O propósito deste livro é apresentar uma abordagem mais prática sobre a rotina e movimentação de mercadorias em um depósito. Concatenar as principais etapas, desde as atividades que antecedem o recebimento até a expedição, proporcionará ao leitor a dimensão das rotinas e os cuidados necessários para a execução assertiva dessas atividades.

Embora novas tecnologias estejam cada vez mais presentes nas empresas, procedimentos simples são vitais para que as rotinas sigam o fluxo operacional esperado. Esta obra atenderá tanto o empreendimento já desenvolvido tecnologicamente quanto o pequeno empreendimento que ainda não possui recursos para o desenvolvimento do trabalho automatizado e que mantém os procedimentos de movimentação de mercadorias, em grande parte, mediante a utilização de mão de obra.

Como cada empresa adota estratégias que lhe são pertinentes, não busco aqui limitar, mas apenas apontar questões relevantes que poderão ser adotadas visando melhor desempenho e melhor assertividade nos processos de movimentação de mercadorias.

Sugiro que o gestor de estoque faça, na empresa na qual atua, um paralelo entre a rotina já desenvolvida e as questões aqui levantadas. No caso de docentes e alunos, indica-se esta obra para os cursos de estoquista, almoxarife, técnicos em administração e logística e demais áreas nas quais o estudo da movimentação do estoque é abordado.

Esta obra foi dividida em cinco capítulos que apresentam importantes circunstâncias da passagem de mercadoria por um depósito. O Capítulo 1 apresenta algumas atividades e informações que o gestor dever conhecer mesmo antes de a mercadoria chegar, fisicamente, à empresa. No Capítulo 2 serão abordadas as características inerentes à etapa de recebimento. O Capítulo 3 aponta as principais rotinas e particularidades da etapa de estocagem das mercadorias após seu recebimento. O Capítulo 4 explica as rotinas de atendimento de pedido de clientes. E, por último, o Capítulo 5 apresenta os principais pontos para expedição dos pedidos e montagem da carga.

O esquema da Figura 1 apresenta uma visão macro do processo de movimentação de mercadorias, destacando as etapas que serão abordadas em cada um dos capítulos deste livro.

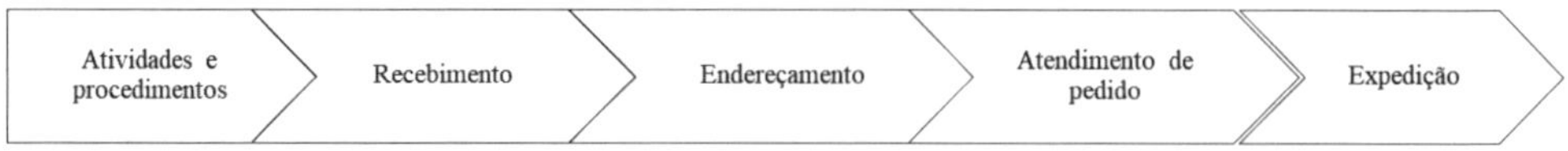

Figura 1. Visão geral dos capítulos.

A sugestão para a leitura deste livro é o acompanhamento e entendimento dos capítulos na sequência em que estão apresentados. Por se tratar de uma cadeia operacional, cada etapa deverá ser compreendida antes que se passe para o capítulo seguinte.

Bons estudos.

INTRODUÇÃO

As aspirações gerenciais a um controle mais apurado do estoque necessitam da adoção de procedimentos eficazes. Para que uma empresa implante a administração dos estoques inerentes ao seu negócio, faz-se vital a criação de um entendimento processual em que as características estruturais, financeiras e laborais se adequem à rotina. Trabalhar de forma sistêmica permite ao gestor de estoque um amadurecimento operacional, que é o propósito deste livro. Gerenciar estoques permite à empresa se preparar para os períodos de sazonalidade e volatilidade do consumo em geral, razão pela qual entender e definir os requisitos de cada etapa da permanência do estoque na empresa é papel mister dos profissionais ligados a estoques. Cada capítulo deste livro é requisito do próximo, o que dará ao leitor uma visão estratégica da aplicação dos recursos da empresa para tornar as rotinas exequíveis e tempestivas.

CAPÍTULO 1
ATIVIDADES ANTECEDENTES À CHEGADA DA MERCADORIA

Este capítulo apresenta os conhecimentos necessários e as atividades que devem ser executadas antes de as mercadorias chegarem fisicamente à empresa para serem estocadas no depósito. Quanto aos tipos e estruturas para a guarda de mercadorias, pode-se afirmar que são diversos. Alvarenga e Novaes (2000, p. 120), por exemplo, evidenciam "que um tipo comum é o depósito voltado à armazenagem e despacho de mercadorias de uma indústria, de uma grande loja, de uma firma varejista etc. Outro tipo bastante encontrado em grandes indústrias é o armazém de insumos ou de matérias-primas".

Já segundo Bowersox *et al.* (2014, p. 227), "a função do depósito é vista mais apropriadamente como a de combinar estoques para atender às necessidades do cliente. O ideal é manter o mínimo possível de produtos armazenados".

Independentemente do tipo de mercadorias com que a empresa trabalhe ou da estrutura de que disponha, as ações pertinentes à guarda são importantes e deverão ser realizadas objetivando uma melhor execução das rotinas internas. Como consequência, proporcionarão um aumento da qualidade percebida pelo cliente. A administração de estoque não se inicia com o recebimento de mercadorias: esta é apenas uma das atividades da empresa na gestão das mercadorias adquiridas. O gestor deve atentar para a adoção da melhor prática quanto aos diversos procedimentos existentes desde o recebimento até a expedição de pedidos para clientes, além de considerar os recursos disponíveis, como estrutura física, *layout*, tecnologia e mão de obra.

Assim, afirma Tadeu (2010, p. 10) que "o conceito de gestão ou gerenciamento de estoques é mais abrangente que apenas [...] o controle físico dos materiais em uma empresa ou instituição". Representa a interligação de setores-chave, como planejamento, produção, estoques, compra e logística, para o compartilhamento de informações e estratégicas de negócio que envolvam os recursos físicos que circulam e a determinação de níveis eficientes de operação e investimento na busca de maximização da rentabilidade. Em consonância com Tadeu, Ayres (2009, p. 86) afirma que "os estoques constituem, inegavelmente, fatores geradores de custos, mas, em contrapartida, exercem uma função essencial no favorecimento de realização das receitas, afetando direta e positivamente a competitividade e o resultado financeiro das organizações".

Os apontamentos anteriores ratificam o papel vital dos gestores na adoção de práticas operacionais, objetivando resultados satisfatórios no trato com o estoque. A Figura 1.1 evidencia algumas questões referentes às atividades que antecedem a chegada das mercadorias. Esses apontamentos nortearão o gestor na melhor prática para administrar o estoque.

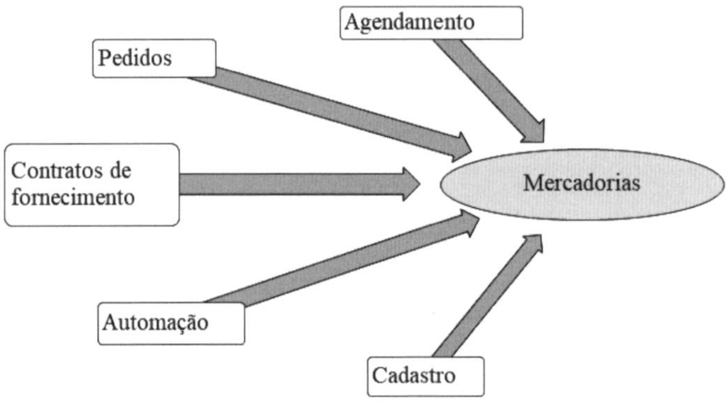

Figura 1.1. Etapas antecedentes à chegada da mercadoria.

A Figura 1.1 é o mapa que será percorrido neste primeiro capítulo. Os tópicos apresentados que levam às mercadorias não são fixos, mas servem de orientação para que o gestor esteja atento ao planejamento operacional completo.

1.1 CONTRATOS DE FORNECIMENTO

Antes mesmos de qualquer pedido ser feito, é necessário criar um documento celebrado pelas partes (vendedor e comprador). Esse documento é chamado de Contrato de Fornecimento e elucida as principais cláusulas comerciais que ambas as empresas deverão obedecer, objetivando, além do fornecimento das mercadorias, firmar uma parceria comercial sólida na qual ambos saiam ganhando[1] e processos mercantis ágeis. Imagine o transtorno e a morosidade se, sempre que novas quantidades fossem pedidas para comercialização, as empresas tivessem a necessidade de propor novas condições. Assim, ratifica Corrêa (2014, p. 59) que, "quando uma entidade presta serviços não triviais a outra, esse relacionamento deveria ser regulado por contrato, o qual explicita o pacote de serviços oferecidos".

[1] Requisições esporádicas não necessitam de firmação de contrato, mas é sempre razoável formalizar qualquer parceria comercial para evitar possíveis litígios jurídicos.

Ainda no âmbito desse argumento, Gonçalves (2007, p. 281) afirma que, "normalmente, a formalização de um contrato implica a aceitação tácita ou expressa pelo contratante (comprador) e o contratado (fornecedor)".

Após o firmamento do contrato, o pedido é realizado em datas futuras e em conformidade com as condições definidas nas cláusulas do documento, isto é, o cliente solicita as quantidades necessárias para atender a demanda. Algumas das características dos contratos são:

- Validade: todo contrato deve ter sua validade definida expressamente, para que as partes celebrantes não tenham dúvida sobre até quando as condições estarão em vigência. Esse cuidado é um amparo jurídico para todos, pois as condições do cenário econômico sofrem variações constantemente.
- Quebra de contrato: deve-se definir quais situações, caso ocorram, implicarão quebra de contrato, seja pelo lado do fornecedor, seja pelo lado do comprador. Além disso, deve-se definir em quais penalidades incorrerá a parte que deu causa à quebra de contrato.
- Custo de aquisição por produto: é importante definir exatamente por quanto serão negociadas as mercadorias contempladas pelo contrato. A definição de pontos importantes, como os seguintes, traz clareza no momento da negociação:
    - O preço acordado é para pequenas ou grandes quantidades?
    - Em épocas sazonais, os preços poderão ou não sofrer alterações?
    - Algum tipo de despesa acessória incide sobre a operação?
- Formas e prazos de pagamento: como em toda operação comercial, as partes devem definir como irão tratar financeiramente a transação. Deve-se determinar quais formas de pagamento serão utilizadas. Outros pontos a considerar são:
    - Usualmente, as empresas trabalham com transferência bancária via internet, mas não há empecilho para outras formas de pagamento.
    - Os prazos devem ser claros, para que não haja entendimento equivocado e, consequentemente, atraso das obrigações.
    - Por exemplo, consideremos que um fornecedor estabeleceu o prazo de sete dias para pagamento da mercadoria vendida. Somente essa informação não instrui o cliente sobre quando deve realizar o pagamento, pois existem os seguintes cenários:
        - Sete dias a partir da data do pedido?
        - Sete dias a partir da data da mercadoria ter sido faturada?
        - Sete dias a partir da data em que a mercadoria foi recebida (dia + 6) ou a partir do dia seguinte (dia + 7)?

- Desconto: quais as condições para que o fornecedor conceda algum desconto, seja ele comercial (produto mais barato) ou financeiro (desconto no boleto)? Algumas opções são:
  - Em função da quantidade de mercadorias adquiridas?
  - Em função do valor das mercadorias?
  - O desconto poderá vir por meio de bonificação?
- Estoque mínimo para pedido: tendo em vista a localização e o custo da entrega de mercadorias, o fornecedor pode exigir uma quantidade mínima ou um valor mínimo para entregar o pedido. Ballou (2006, p. 133) emprega o termo "consolidação do embarque", o qual justifica dizendo que "consolidar um volume maior de despacho reduz os custos de transporte". Nesse caso, para que o custo de transporte venha a ser reduzido, o tempo do processamento pode ser aumentado.
- Prazo de entrega de pedido: o estabelecimento do prazo deve responder às seguintes perguntas:
  - Qual é o prazo para o fornecedor atender ao pedido? Em dias corridos ou úteis?
  - O prazo varia segundo a quantidade pedida?
  - É importante considerar esse tempo para evitar rupturas (falta) de mercadorias.
- Datas para fazer o pedido: no cenário de um depósito, o fornecedor atende a vários clientes e, por isso, é necessário especificar essas datas. Definir qual dia da semana e de quanto em quanto tempo esse fornecedor poderá comparecer na empresa facilitará o gerenciamento do nível de estoque. Essas datas podem ser definidas como de 7 em 7 dias, 15 em 15 dias, 30 em 30 dias etc., e, além disso, é possível definir qual dia da semana é adequado para fazer o pedido. A definição de um calendário permitirá uma maior assertividade na montagem das rotas de atendimento.
- Tipo de frete: dependendo do tipo de frete contratado, o ônus de pagá-lo poderá ser do comprador ou do vendedor. Quando o ônus é do comprador, o frete é o FOB (do inglês *free on board*, ou "livre a bordo", em português); quando é do vendedor, o frete é o CIF (do inglês *cost, insurance and freight*, ou "custo, seguro e frete", em português). A definição do tipo de frete no contrato de fornecimento proporciona transparência e atualiza o custo de aquisição para formação de preço de venda.
- Trocas: as seguintes perguntas devem ser consideradas:

- Em que condições uma mercadoria poderá ser trocada? Para que isso ocorra, a empresa precisa destinar um espaço físico a essa atividade, pois as mercadorias se encontram impossibilitadas para a venda ao cliente. Além disso, é necessário analisar em que circunstâncias uma mercadoria pode ser destinada a esse local e quais providências devem ser tomadas. Por exemplo:
  - Vencimento: no caso de uma mercadoria vencida, o fornecedor deverá trocá-la por outra em condições adequadas ou deverá descartá-la mediante nota fiscal de baixa de estoque?
  - Periodicidade: quando o fornecedor recolherá as mercadorias impróprias para revenda?
  - Descarte: esse descarte é feito na própria empresa ou na fábrica do fornecedor mediante nota fiscal de devolução?
  - Limites: existe algum limite de quantidade ou de valor por troca realizada?
  - Questões como estas devem estar previstas para a adoção de procedimentos adequados.

Esses tópicos podem ser questões simples, mas defini-los com exatidão confere transparência às cláusulas contratuais, evitando divergência no atendimento desses fornecedores. O ideal é que esse documento seja confeccionado com o departamento jurídico, para validação dos pontos acordados.

1.2 PEDIDOS

No departamento de compras, o pedido inicia-se no contato com o fornecedor, para que este reabasteça determinada demanda mediante o envio de certa quantidade de estoque que foi baixado pela venda, transferência ou devolução. O conceito de compra, para Chiavenato (2005, p. 100), "envolve todo o processo de localização de fornecedores e fontes de suprimento, aquisição de materiais por meio de negociações de preço e condições de pagamento, bem como o acompanhamento do processo (*follow-up*) junto aos fornecedores".

Isso evidencia a relação de proximidade existente entre o departamento de compras e o controle de estoque. Por isso, a estruturação de um organograma que propicie um fluxo operacional eficiente é condição prioritária para a definição e adequação das atividades da empresa.

Não há uma fórmula que se adeque a todas as empresas, mas existem sistemas comuns à maioria delas. A Figura 1.2 apresenta um esquema simples de pedido entre a empresa e o fornecedor.

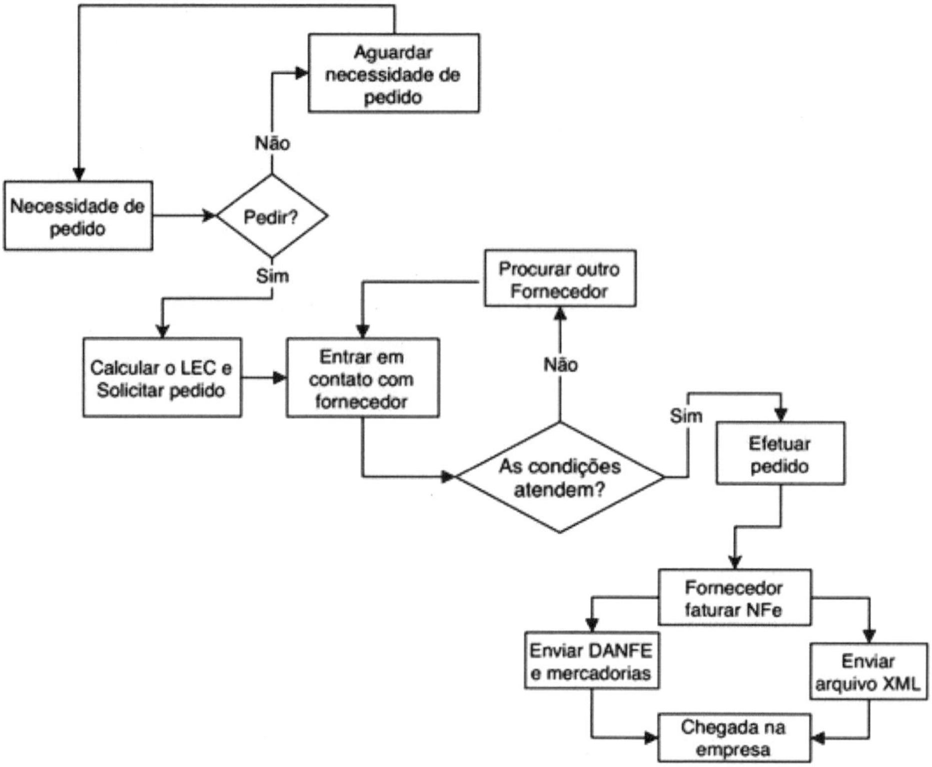

Figura 1.2. Processo de pedido.

É perceptível como cada etapa se comunica com a seguinte harmoniosamente. Ao definir um procedimento para a realização do pedido, deve-se considerar a manutenção desse fluxo para agilizar pedidos futuros, o que também fortalece a parceria entre os entes comerciais.

Dentre tantas formas de comunicação para requisição, algumas utilizadas hoje são: telefonema, e-mail, catálogo e até mesmo por redes sociais. Uma opção tecnológica é a realização do pedido por meio da ferramenta Electronic Data Interchange (EDI). Por meio dela ocorre a transmissão eletrônica de informações entre empresas.

1.3 AGENDAMENTO

Essa ferramenta define data, horário e doca para atendimento e recebimento do fornecedor para descarregamento. Essas informações evidenciam qual o número do pedido, qual doca será utilizada (ou quais docas serão utilizadas) e a estimativa de tempo destinado a esse fornecedor. O gestor consegue alocar recursos como mão de obra e maquinários necessários para cada tipo de carga e quantidade de volumes. As seguintes análises deverão ser feitas na sequência a fim de estipular o prazo para descarregamento:

- Qual a quantidade e a variedade de volume que está para chegar?
- Qual o espaço necessário para essa conferência?
- Quais os maquinários e equipamentos necessários para cada tipo de mercadoria (seca, congelada, resfriadas)?
- Qual o pessoal necessário para esta atividade?

Com essas questões pontuais, o gestor terá a oportunidade de trabalhar a ferramenta de agendamento por longos períodos, permitindo um planejamento pontual com o objetivo de evitar surpresas indesejadas, como falta de funcionários ou alocação de muitos destes para descarregamento com poucos volumes, caminhões chegando ao mesmo tempo para serem atendidos ou não comparecimento do agendado, dentre outras situações.

Após a definição de todas essas informações, o software de gestão gera um número para ser passado para o fornecedor, o qual posteriormente é repassado ao motorista, pois assim, quando este comparecer ao depósito para descarregar, ele, de posse desse número, otimizará o processo de recebimento do pedido.

Outro ponto relevante é a previsibilidade e a credibilidade passadas aos parceiros comerciais, visto que muitas vezes o fornecedor pode fazer entregas não para apenas um, mas para vários clientes durante o dia. Isso significa que o fornecedor, conhecendo essa rotina do cliente, terá a certeza de que aquela data e horário estão reservados para o recebimento.

Tendo o fornecedor ciência desse compromisso, valoriza-se a parceria comercial. Esse entendimento, assim apresentado por Ballou (2006, p. 33), "trata da criação de *valor* – valor para clientes e fornecedores da empresa, e valor para todos aqueles que têm interesses diretos nela. O valor da logística é manifestado primeiramente em termos de tempo e lugar. Produtos e serviços não têm valor, a menos que estejam em poder dos clientes quando (tempo) e onde (lugar) eles pretendem consumi-los".

O Quadro 1.1 apresenta um exemplo de tela de visualização de disponibilidade de docas para recebimento de fornecedores.

Quadro 1.1. Agendamento – sem reservas de docas

Tela de visualização de disponibilidade de docas								
Docas/Horário	A	B	C	D	E	F	G	H
8h00 até 8h30								
8h30 até 9h00								
9h00 até 9h30								
09h30 até 10h00								
10h00 até 10h30								
10h30 até 11h00								
11h00 até 11h30								
11h30 até 12h00								
12h00 até 12h30								
12h30 até 13h00								
13h00 até 13h30								
13h30 até 14h00								
14h00 até 14h30								
14h30 até 15h00								
15h00 até 15h30								
15h30 até 16h00								
16h00 até 16h30								
16h30 até 17h00								
17h00 até 17h30								
17h30 até 18h00								

Legenda	
	Disponível
(cinza)	Não disponível

Essa tela mostra, na primeira coluna, os horários de 8h00 até as 18h00, com intervalos de 30 minutos. As docas existentes são identificadas da letra A até H. Se contarmos cada meia hora e a quantidade de docas existentes, a empresa trabalha com 160 janelas de atendimento (20 horários de 30 minutos x 8 docas).

O comprador, ao atender o fornecedor, visualiza essa tela e define, junto com o gestor de estoque, o horário e a doca para recebimento do pedido. Após o agendamento, o sistema gera um número que identifica a reserva tanto da doca como do tempo para atendimento. Para demonstrar a aplicabilidade da ferramenta, considere três situações de agendamento:

- Um comprador de produtos de limpeza fez um pedido contemplando cem volumes. Ele define que esse pedido deverá ser recebido duas horas, determina que a doca utilizada será a "A" e estabelece o horário de chegada do fornecedor para 9h00. Feito o agendamento, o sistema gera o número 251 para esse fornecedor.
- Um comprador de bebidas está fechando um pedido junto a um fornecedor para comprar cem paletes de refrigerante para uma promoção de aniversário. Para isso, ele determinou a doca "C" para recebimento durante duas horas, a partir das 16h00. O sistema gerou o agendamento número 252.
- Outro comprador está fechando um pedido de condimentos em geral e está reservando a doca "D". O tempo definido para recebimento e conferência é de quatro horas, visto que a carga terá uma grande variedade de produtos. O horário definido para recebimento é 12h30. O sistema gerou o agendamento número 253.

A tela de visualização após a reserva para o atendimento das situações descritas nos exemplos pode ser vista no Quadro 1.2.

Quadro 1.2. Agendamento – com reservas de docas

Tela de visualização de disponibilidade de docas								
Docas/Horário	A	B	C	D	E	F	G	H
8h00 até 8h30								
8h30 até 9h00								
9h00 até 9h30								
09h30 até 10h00	251							
10h00 até 10h30	251							
10h30 até 11h00	251							
11h00 até 11h30	251							
11h30 até 12h00								
12h00 até 12h30								
12h30 até 13h00				253				
13h00 até 13h30				253				
13h30 até 14h00				253				
14h00 até 14h30				253				
14h30 até 15h00				253				
15h00 até 15h30				253				
15h30 até 16h00				253				
16h00 até 16h30			252	253				
16h30 até 17h00			252					
17h00 até 17h30			252					
17h30 até 18h00			252					

Legenda	
(branco)	Disponível
(cinza)	Não disponível

Observações:

- Perceba que, ao finalizar os três agendamentos, as reservas são indicadas no quadro de horários do início até o término. Indica-se também o número do pedido. O atendimento a um novo fornecedor deverá ser agendado pelo comprador responsável em janelas para recebimento diferentes dessas já assinaladas, pois não será mais possível reservar esses horários nessa data.

- A empresa poderá exigir uma janela de 30 minutos entre um recebimento e outro, pois, caso haja atrasos, isso não vai comprometer o andamento do atendimento;
- A empresa poderá definir docas para recebimento de produtos distintos, por exemplo: doca para produtos resfriados e congelados, hortifrutigranjeiros[2], mercadorias avulsas ou paletizadas etc., ou seja, o que for conveniente de acordo com o *layout* e os recursos de que a empresa dispõe.

Esta ferramenta evidencia sua efetividade e simplicidade de uso. O fluxo operacional de recebimento ocorre em qualquer época do ano. Em tempos sazonais, os gestores terão como antever a demanda da disponibilidade de atendimento e, por conseguinte, se organizar para otimizar o recebimento em função das reservas feitas, anteriormente, pelo departamento de compras no agendamento.

Mas a ferramenta por si só não garante que o fornecedor compareça na data e horário marcados. A obrigatoriedade de seguir o agendamento é do fornecedor, razão pela qual Arnold (2008, p. 211) evidencia que "o departamento de compras deve garantir que os fornecedores realmente entreguem pontualmente, [...] e acrescenta que o comprador deve manter o fornecedor informado sobre as verdadeiras exigências".

A depender do organograma da empresa, esta pode atribuir ao departamento de logística a obrigatoriedade de gerenciar as rotinas de docas, recebimento e conferência. Já o departamento de compra ficaria responsável pelo agendamento da entrega. O fato de manter o fornecedor informado requer a criação de rotinas, e isso exigirá a disponibilidade de mão de obra (salário) para execução. Uma solução seria contemplar no próprio contrato de fornecimento as cláusulas sobre não cumprimento da entrega.

1.4 CADASTRO

Parte central do controle de estoque é o cadastro. Ele é o registro das informações de identificação tanto de mercadorias como de fornecedores e clientes. Para tratar desse tema, vamos apresentar as características intrínsecas de cada um deles. Além de promover a distinção, o cadastro também indica o histórico de movimentação e ocorrências; por isso, é importante adotar procedimentos para inclusão, manutenção e alteração cadastral, para não comprometer a utilização das informações existentes.

O esquema da Figura 1.3 mostra a relação entre os cadastros de mercadorias, de fornecedores e de clientes.

---

2 Algumas empresas utilizam a sigla "FLV" (frutas, legumes e verduras).

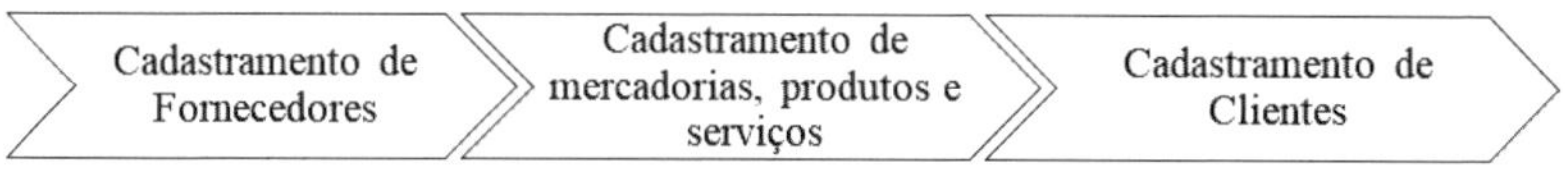

Figura 1.3. Ordem dos cadastramentos.

Percebe-se que o cadastramento começa pelo fornecedor, seguido das mercadorias e, por último, dos clientes. O propósito dessa sequência é criar um procedimento de cadastro que evite gargalos, uma vez que a ausência de alguns campos poderá não permitir a conclusão de outro cadastro.

A ordem é lógica, pois o cliente apenas compra algum item previamente cadastrado na empresa. Outro ponto que elucida essa situação é: para que uma empresa compre de um fornecedor, este deve estar cadastrado, pois não haveria como fazer um pedido de algum item sem este estar cadastrado.

1.4.1 CADASTRO DE FORNECEDORES

Inicia-se a fase de cadastramento com os dados dos fornecedores. A precisão dessas informações resulta em um controle mais eficiente, evitando duplicidades e inexatidões. A atenção aos detalhes proporciona um cadastramento acurado; um excelente cadastro de fornecedores proporciona uma análise assertiva. Mas qual seria a quantidade de fornecedores cadastrados?

Para responder a essa pergunta, apresentamos um raciocínio dialético a partir das ideias de alguns autores. Viana (2006, p. 191) informa que "o número não deve ser tão reduzido, o que pode resultar em poucas alternativas de fornecimento, com o risco de [...] compras a preços elevados, mas também não deve ser tão elevado a ponto de dificultar o estreito controle do desempenho dos fornecedores cadastrados".

Segundo Dias (2010, p. 313), "existem algumas situações em que não haverá vantagens em trabalhar com mais de um fornecedor, como no caso de fornecedores monopolistas, produtos patenteados ou processo de fabricação exclusivo".

Independentemente da quantidade de fornecedores cadastrados, o gestor deverá fazer uma seleção prévia e constatar que a parceria é vantajosa para ambas as empresas. Questões como poder de atendimento, qualidade dos produtos, lealdade nas negociações, compromisso em manter a parceria são imprescindíveis no ato da escolha de tais fornecedores.

No momento do atendimento do fornecedor por um comprador, é necessário que aquele passe as informações básicas para que seja feito o cadastramento no sistema. A seguir são apresentados alguns campos exemplificativos do cadastro de fornecedor:

- Código interno: ao cadastrar um fornecedor, o sistema irá gerar um código interno, que é bastante utilizado para identificação. Os demais campos servem para confirmar que se trata do fornecedor correto.

- Pessoa jurídica/física.
- Razão social/nome: como os fornecedores podem ser pessoas jurídicas ou pessoas físicas, esse campo informa a razão social, que é o nome oficial da empresa ou o nome da pessoa física.
- Nome fantasia: alguns softwares também oferecem um campo para o nome fantasia da empresa, também denominado de nome de fachada. Este não se confunde com o campo número 2, visto que os documentos são registrados pela razão social ou nome da pessoa física.
- CNPJ/ IE/ IM/ CPF: no caso dos CNPJ e CPF, ambos podem utilizar o mesmo campo.
    - Deve-se separar um campo para inscrição estadual (IE) e outro para inscrição municipal (IM).
- Endereço: este campo poderá ser subdividido para padronização das seguintes informações: logradouro; número; bairro; cidade; estado; país; CEP; ponto de referência. Informar com exatidão todo o endereço do fornecedor.
- Telefone: informar com exatidão o telefone de contato do fornecedor. Pode-se incluir outros telefones de departamentos distintos desses fornecedores.
- E-mail: informar com exatidão o e-mail de contato do fornecedor. É possível incluir outros e-mails para departamentos distintos desses fornecedores.
- Centro de custo: a adoção deste mecanismo de controle gerencial fomenta uma maior assertividade dos controles e dos resultados apresentados para tomada de decisão:
    - Algumas empresas trabalham com controle de custos e definem qual é o departamento responsável por receber o custo do fornecedor cadastrado. Por exemplo, uma empresa que comercializa linhas de produtos como mercearia, hortifrúti, limpeza e higiene pessoal teria centro de custos para cada uma dessas áreas.
    - Os produtos de escritório de consumo interno, como resmas, canetas, réguas etc., não podem ser lançados nos centros de custo destinados àqueles produtos que fazem parte do mix para revenda.
    - Há empresas que conseguem subdividir o centro de custo em centros de responsabilidades. Por exemplo, o departamento que administra produtos de escritório (consumo interno) fornece produtos a vários departamentos da empresa. Imagine o departamento financeiro, que é dividido em contas a pagar, contas a receber, tesouraria, entre outros. Com a adoção do centro de responsabilidade, o gestor saberá exatamente qual setor receberá a alocação do custo de materiais de escritório.

- Pagamento: neste campo se deve informar como, quando e quais pagamentos serão efetuados; a definição do prazo de pagamento (por exemplo, de 7 em 7 dias, de 15 em 15 dias, e assim por diante).
  - Alguns exemplos de tipos de pagamento: transferência bancária, cartão, cheque, dinheiro, boleto etc.
- Tempo de entrega: é importante definir qual é o prazo para que a mercadoria chegue à empresa após o pedido ter sido realizado.
  - Após esta definição, o comprador reserva as docas para o recebimento do pedido utilizando a ferramenta do agendamento.
  - Adequações poderão ser feitas tendo em vista épocas sazonais e de maior demanda, como feriados e datas comemorativas.
- Aceita troca?[3] Este campo evidencia que tratamento será dado para mercadorias que não se encontram em condições de serem comercializadas.
  - É importante saber se o fornecedor receberá essas mercadorias viciadas para o adequado descarte, por exemplo: pacote rasgado, garrafa sem rótulo, produto vencido, arranhões, entre outros. Nesses casos, essas mercadorias não devem ser comercializadas, e é importante saber se o fornecedor trocará ou não. O preenchimento deste campo é "sim" ou "não".
- Comprador: neste campo se informa o nome do comprador para este fornecedor.
  - Caso o fornecedor também atenda outros compradores, poderão ser definidas duas situações: (1) cadastra-se o nome do comprador responsável por mais mercadorias ofertadas pelo fornecedor, ou (2) o próprio software pode permitir cadastrar outros compradores.
- Quota de bonificação: este campo apresenta o percentual acordado no contrato de fornecimento que o fornecedor deverá disponibilizar de mercadorias bonificadas.
  - Em alguns acordos comerciais, o fornecedor poderá dispôs de estratagemas para obter acordos duradouros, e uma das possibilidades é a condição de um percentual ou valor em mercadorias bonificadas em função de uma quantidade ou valor dos pedidos. Por exemplo, a cada R$ 20.000,00 em um período de seis meses o fornecedor concederá uma bonificação de 10% sobre o próximo pedido, ou a cada mil volumes o fornecedor concederá 5% bonificados na mesma compra.
  - Este campo será informado apenas como "sim" ou "não", mas as condições precisam estar pactuadas no contrato de fornecimento.

---

[3] O item 3.1.2.5, sobre trocas, aborda minuciosamente o setor de mercadorias avariadas.

- Limite para compra: este campo indica se o fornecedor tem ou não um limite mínimo para pedido. A distância física entre fornecedores e compradores poderá ser de poucos quilômetros ou de milhares de quilômetros, por isso, para "valer a pena", o fornecedor pode estipular um limite mínimo em valor ou volume para que este comprador consiga efetuar o pedido.
    - Este campo será informado apenas como "sim" ou "não". A informação precisa estar no contrato de fornecimento.

Esses campos podem ser utilizados também para fornecedores de serviços. Nem todos os espaços serão preenchidos, mas mesmo assim não deixariam de atender ao cadastramento da empresa.

Em momentos distintos, um fornecedor poderá ser também um cliente, e um cliente pode ser fornecedor. Por exemplo: a empresa Alpha Ltda. é uma atacadista e decide comprar da empresa Beta Ltda. detergente líquido para revender. Nesse caso, a empresa Beta Ltda. é uma fornecedora da Alpha Ltda. Logo, a relação entre ambas será a seguinte:

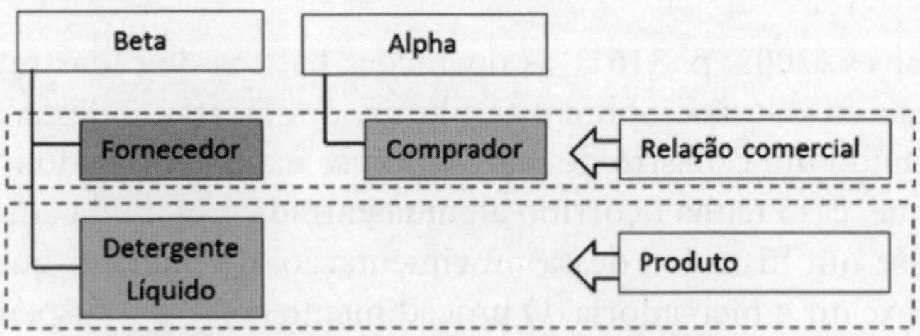

Figura 1.4. Relação de Alpha comprando de Beta.

Caso a empresa Beta compre da empresa Alpha papel higiênico para os funcionários e clientes, então ela, Beta, passa a ter uma relação de compradora da empresa Alpha.

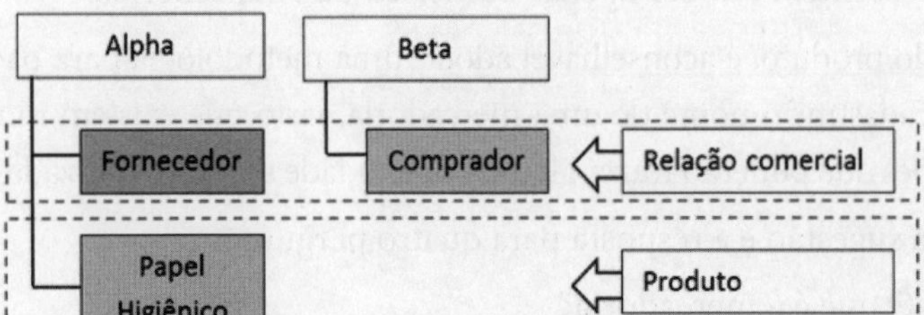

Figura 1.5. Relação de Alpha vendendo para Beta.

Importante: no exemplo da Figura 1.5, a empresa Beta Ltda. terá, necessariamente, dois cadastros na empresa Alpha: um como fornecedor (detergente líquido) e outro como cliente (papel higiênico).

Os campos mencionados no cadastro de fornecedores podem ser utilizados para o cadastro de clientes. Aproveitando a estrutura dos campos 1 a 10 e acrescentando o histórico de vendas que, no cadastro de fornecedores é o histórico de compras, os clientes poderão ser registrados e gerenciados pela empresa.

1.4.2 CADASTRO DE MERCADORIAS E PRODUTOS

Este cadastramento é o registro das informações de identificação e distinção de uma mercadoria na empresa. É o início de uma gestão contínua que possibilita à empresa gerenciar seus ativos e, por conseguinte, alcançar seus objetivos comerciais, financeiros, econômicos e sociais. Ao cadastrar uma mercadoria, a empresa dá a ela uma "certidão de nascimento", ou seja, é o início de toda uma "vida" de comercialização que começa naquela data.

O simples ato de cadastrar uma mercadoria não é, por si só, suficiente. A manutenção desses dados deve ser constante, visando à adequação comercial (vendedores e compradores), tributária (fisco) e gerencial (tomada de decisões). Isso significa que os mais diversos campos de cadastro são utilizados por vários departamentos.

Para Gonçalves (2007, p. 316), "as operações básicas de cadastramento são inclusão, alteração e exclusão". Sobre esta última, é importante destacar que apenas poderá ser excluído um cadastro de mercadoria se não tiver havido movimentação. Isso significa que, caso tenha ocorrido alguma entrada e/ou saída em um momento pretérito, cria-se um histórico dessa movimentação, de maneira que não se pode simplesmente excluir a mercadoria. O procedimento correto é suspendê-la para recebimento de novos saldos. Para um cadastramento eficiente, alguns dados das mercadorias devem ser considerados:

- Código interno: este número é gerado pelo próprio programa da empresa que proporciona a distinção das mercadorias atribuindo a elas um número sequencial e crescente. Pode ser apenas numérico ou alfanumérico.
- Nome do produto: é aconselhável adotar uma metodologia para padronizar a forma de cadastrar o nome de uma mercadoria, visto que existem muitas palavras e descrições que poderão trazer alguma dificuldade se forem utilizadas na descrição.
  - Uma sugestão é a resposta para quatro perguntas:
    (1) O que é a mercadoria?
    (2) Qual é a marca da mercadoria?
    (3) Qual é a especificidade?
    (4) Qual é a quantidade da embalagem?
  - Por exemplo: imagine que a empresa tenha que cadastrar um detergente da marca Vida cujo aroma é limão e a quantidade da embalagem é de 350 mL.

Respondidas essas questões, monta-se a descrição:

O que é?	Detergente
Marca?	Vida
Especificidade?	Limão
Quantidade?	350 mL

- Logo, a descrição do produto será: "Detergente Vida Limao 350 mL".
- A empresa pode definir abreviações, visto que alguns softwares têm campos com limite de caracteres. A descrição do produto mencionado poderá ser a seguinte: Det Vida Limao 350 mL.
- Não podem ser utilizados caracteres como "ç", acentos, til e trema.

▸ Código de barras: é uma representação gráfica na qual são identificados números por meio de barras verticais, proporcionando uma individualização das mercadorias do fornecedor.

- Pode ser o EAN-13, para produtos em geral, ou o EAN-8, para produtos com menores espaços. Além destes, existe o DUN-14, que também é um código de barras verticais, utilizado nas caixas que transportam as mercadorias.[4] Em resumo, o EAN identifica a mercadoria, e o DUN identifica a embalagem de transporte. O software deve permitir a inclusão de ambos os códigos.
- Atenção aos códigos bidimensionais, também conhecidos como QR Codes. Apesar de a tecnologia ser recente, algumas mercadorias já vêm com este recurso nas embalagens, e esses códigos poderão ser utilizados nos cadastros.

▸ Comprador: informar o nome do comprador responsável da mercadoria. Este campo poderá ser trazido do cadastro do fornecedor.

▸ Fornecedor: quem é o fornecedor responsável por esta mercadoria? Os softwares devem permitir a inclusão de outros fornecedores para esta mesma mercadoria, visto que ela pode ser encontrada tanto na indústria como no atacado (distribuidor).

▸ Tem troca? Trata-se do mesmo campo do informado anteriormente no cadastro do fornecedor.

▸ Tipo de embalagem: este campo se refere a como a mercadoria é unitizada, por exemplo: caixa com 24 unidades, fardo com 36 unidades, amarração com 12 unidades, pacote com 96 unidades, litros, entre outros.

---

[4] EAN é a sigla de *european article number* ("número europeu do artigo", em português). DUN é a sigla de *distribution unit number* ("número da unidade de distribuição", em português).

- Ele também pode ser preenchido com abreviações. Para o tópico anterior, elas seriam: CX, FD, AM, PT, L.

- Tributação: campo fundamental em qualquer cadastro é o enquadramento tributário da mercadoria. No Brasil, a legislação tributária é imensa e complexa. As empresas estão sujeitas a tributação em três esferas: municipal (no caso de serviços), estatual e federal.
  - Um dos propósitos de ter um cadastro correto é a obrigação de submetê-lo ao pagamento de impostos vigentes na época, visto que a mudança tributária ocorre com frequência.
  - É obrigação da empresa ter uma forma de acompanhar e atualizar este cadastro para que não ocorram sanções do fisco.
- NCM/SH: este termo significa "nomenclatura comum do Mercosul/sistema harmonioso" e informa a classificação da mercadoria no sistema internacional de produtos.
  - Este código tem oito dígitos e é encontrado na tabela de incidência do imposto sobre produtos industrializados (TIPI).
  - Mudanças de tributação por meio de decretos utilizam, para informar o contribuinte, a NCM além da descrição do produto.
- Peso bruto: o preenchimento correto deste campo possibilita que o gestor de estoque calcule o peso da carga para transporte (cubagem).
  - Isto implica também a existência de um limite de peso por eixo nos caminhões. Caso ocorra um excesso, a empresa pode ser multada. Além disso, o excesso de peso pode provocar um desgaste maior ao veículo e dificultar a frenagem dos caminhões, possibilitando a ocorrência de acidentes.
- Custo de aquisição: este campo é abastecido quando da entrada da mercadoria no sistema. O custo de aquisição é importante, pois a empresa utilizará o método definido (primeiro que entra, primeiro que sai [PEPS] ou custo médio [CM]) na apuração dos seus resultados (comerciais, financeiros e contábeis).
  - Este campo poderá ter de receber saldo de valores como frete, seguros ou outros gastos incidentes sobre a comercialização. Naturalmente, eles farão com que o custo de aquisição aumente.
- Embalagem de comercialização: este campo informa como a mercadoria será comercializada no que tange à quantidade de itens na embalagem. Tomemos como exemplo o sabonete Seculus Amanhecer 95 g, que tem valor unitário de R$ 1,50 e vem em uma caixa com 48 unidades.
  - Como exemplo, a Figura 1.6 mostra o faturamento da mercadoria no corpo da nota fiscal.

Dados do produtos/ Serviços

Código	Descrição dos produtos/Serviços	Ncm/SH	CST	CFOP	Und	Qtde	Valor Unitário	Valor Total	B. Cálculo ICMS	Valor ICMS	Valor IPI	Alíquota ICMS	Alíquota IPI
	SABONETE SECULLUS AMANHECER 95G C/48 UNIDADES				CX	1	72,00	72,00					

Figura 1.6. Descrição do produto sabonete Seculus Amanhecer 95 g no corpo da nota fiscal.

Imagine um supermercado que adquire do distribuidor este produto. A empresa cliente terá que definir como será a entrada desta caixa com 48 unidades, visto que a revenda é feita por unidade.

- *1ª situação*: se o supermercado optar por dar entrada nas 48 unidades, a saída será feita baixando cada unidade comprada, de forma que o estoque sempre será trabalhado em unidades.
- *2ª situação*: se a empresa resolver dar entrada na caixa e não em unidades, ocorre que a quantidade em estoque sempre ficará fracionada, visto que, ao dar entrada em 1 caixa e a saída em 1 unidade, cada unidade vendida será 1/48 da caixa de sabonetes. Logo, cada unidade vendida é 0,020833 de uma caixa. É melhor trabalhar com estoques inteiros do que fracionados.

A definição deste critério deverá ser feita antes mesmo de a mercadoria chegar, visto que não se pode adotar critérios diferentes todas as vezes que uma mercadoria nova chega. O impacto dessa medida é refletido na forma de aquisição do cliente e na apuração do inventário, pois a equipe saberá exatamente como informar o estoque do produto.

Obviamente, as mercadorias que são comercializadas em caixas e vendidas em caixas terão tratamento semelhante ao da 1ª situação, e as fracionadas em quilos ou em litros já serão tratadas dessa forma no recebimento.

Essa relação de campos ilustrada aqui não deve ser entendida de modo taxativo, e sim exemplificativo, visto que existe no mercado uma grande variedade de softwares, cada um com suas minúcias. Esses campos, entretanto, são o pontapé inicial para uma administração de qualidade.

Customizar um software é oneroso, o que torna praticamente inviável uma empresa desenvolver por conta própria tal ferramenta. Tendo em vista a dificuldade financeira, muitas organizações comerciais contratam empresas que já trabalham com desenvolvimento de programas de computador para varejistas e atacadistas.

Uma situação que pode ocorrer é que a empresa, ao adquirir um software de gestão, tenha algumas atividades "engessadas". Isso significa que a empresa deverá se adequar ao software, e não o software às rotinas da empresa. Existem no mercado produtos de excelente qualidade, basta o gestor escolher qual o mais apropriado às necessidades da empresa.

O funcionário responsável pelo cadastramento desses dados deve, necessariamente, possuir discernimento apurado, objetivando a lisura e a idoneidade do trabalho, visto que esses campos servirão para que todos os departamentos que lidam direta ou indiretamente com os produtos tenham garantia da veracidade das informações.

A realização do cadastramento do produto é processual, ou seja, o registro deve obedecer a uma metodologia previamente definida. Essa definição envolve profissionais das áreas comercial, contábil, diretiva e financista, por isso, é imperativo que se defina junto a esses profissionais como os campos poderão auxiliar a empresa nas rotinas diárias.

1.5 AUTOMAÇÃO

Não se pode negar que a evolução tecnológica produz avanços exponenciais em todas as áreas. A facilidade com que se encontram ferramentas no mercado para, praticamente, todas as necessidades viabiliza uma perspectiva que eleva as expectativas a patamares não imaginados tempos atrás. Para as empresas, as novidades não param de ser apresentadas, e isso condiciona as rotinas a essas tecnologias. A automação permite ao gestor administrar com mais assertividade as rotinas e atividades diárias de um armazém. A seguir, serão pontuadas algumas delas. O esquema da Figura 1.7 evidencia o arcabouço com algumas ferramentas importantes para o gerenciamento de estoque.

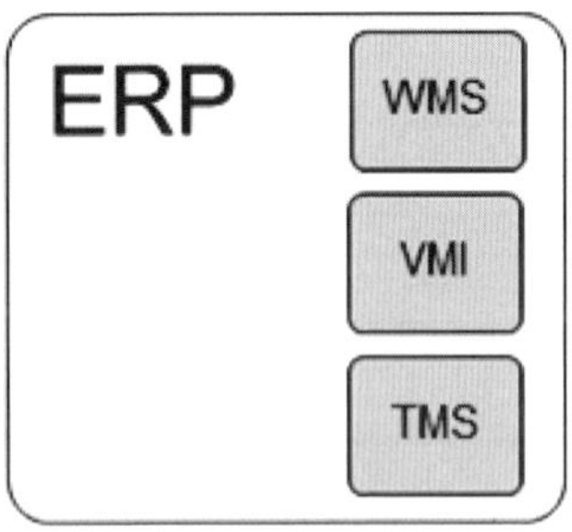

Figura 1.7. Arcabouço de automação.

1.5.1 *ENTERPRISE RESOURCE PLANNING*

O *enterprise resource planning* (ERP; "sistema de gestão empresarial", em português) é a principal ferramenta para todas as empresas, pois é o próprio sistema de gestão. Objetivando uma maior relação entre as atividades dos departamentos, o sistema conduz os processos das empresas. Para Moura (2004, p. 189), "o ERP é um conceito de planejamento integrado, que trata de todos os recursos da empresa". Completa Dias (2012, p. 333) dizendo que "a integração pode ser vista sob a perspectiva funcional (finanças, contabilidade, recursos humanos, fabricação, marketing, vendas, compras etc.) e sistêmica (processamento de transações, emissão de nota fiscal sistemas de informações gerenciais, sistemas de apoio à decisão etc.)".

A composição do ERP é feita pelos módulos específicos, que interagem formando uma rede de dados e informações acerca das ações ocorridas nas empresas. A seguir serão apresentados três desses módulos, que estão ligados à gestão de estoque da empresa.

1.5.1.1 *Warehouse Management System*

Warehouse management system (WMS, "sistema de gerenciamento de armazém", em português) é o módulo responsável pelas questões relativas à participação das mercadorias durante sua permanência na empresa. Acrescenta Dias (2012, p. 331) que "é uma parte importante da cadeia de suprimentos, ou *supply chain*, e fornece a rotação dirigida de estoques, diretivas inteligentes de *picking*, consolidação automática e *crossdocking* para maximizar o uso do espaço dos depósitos e armazéns". Permite gerir a entrada da mercadoria, controle de remessas, estoques, gestão de lotes e rastreabilidade do fabricante ao ponto de venda.

Ou seja, os responsáveis pela administração dos estoques de mercadorias têm suas práticas parametrizadas pelo WMS. Além das mencionadas anteriormente, acrescentam-se outras, como: agendamento de recebimento de pedido, informação de necessidade de pedido, definição de endereço para as mercadorias recebidas, inventários, entre outros. Independentemente do porte da empresa, a utilização de um programa que auxilia o gestor no controle do patrimônio é de caráter imperativo para a tomada de decisão.

1.5.1.2 *Vendor managed inventory*

Vendor managed inventory (VMI, "estoque gerenciado pelo fornecedor", em português), é o módulo que permite ao fornecedor acessar as informações pertinentes aos produtos que lhe são de competência e gerenciar os indicadores de estoques. Esta ferramenta traz grandes benefícios para a cadeia de suprimentos: solidifica parcerias (legais e tecnológicas), melhora a comunicação com informações precisas e em tempo hábil, possibilita um melhor conhecimento da demanda de cada setor, possibilita uma adequação nas épocas sazonais, reduz o efeito chicote, entre outros.

Isto é apontado por Pires (2007, p. 171) como uma "evolução" da relativamente antiga prática do estoque consignado, na qual a mercadoria fica armazenada no depósito, mas ainda pertence ao fornecedor. À medida que o estoque é consumido, o fornecedor emite notas fiscais transferindo a posse desse consumo.

Imagine se após a compra de certo estoque o fornecedor tem, por contrato, a obrigação de gerenciá-lo para o empresário dentro das dependências do próprio depósito. Nesta situação, a guarda legal é de quem compra, mas a gestão é de quem vende. A utilização da ferramenta é justificada por Corrêa (2014, p. 186) "em pelo menos duas situações: quando o fornecedor tem mais foco ou mais informações sobre a demanda que o cliente".

É ilusório ignorar que, atualmente, as mais diversas formas de atendimento estão dependentes dos meios tecnológicos que se encontram disponíveis no mercado. Portanto, cabe ao fornecedor repor este estoque à medida que estas mercadorias forem vendidas.

Diante deste cenário, é perceptível como a tecnologia está, intrinsecamente, ligada a todas as etapas comerciais existentes na empresa.

1.5.1.3 *Transportation management system*

Transportation management system (TMS, "sistema de gerenciamento de transporte, em português) é o módulo responsável pela gestão do transporte. Com ele, a empresa consegue identificar qual o melhor modal, a melhor rota para atendimento do cliente, a previsão de entrega etc. Alertam Valente *et al.* (2012, p. 309), porém, "que a escolha dos softwares destinados à otimização das funções da empresa deve garantir que ele possa simular a realidade e assim atingir os resultados esperados".

Isso quer dizer que o gestor não contará sempre com as mesmas variáveis para tomada de decisão. A imprevisibilidade do mercado fomenta a adequação de novas estratégias comerciais. Dentro da cadeia de suprimentos, a integração com outros parceiros, internos e externos, é realizada por meio da automação dos procedimentos por meio do WMS e do VMI.

1.6 RESUMO

Neste capítulo foram apresentadas algumas das principais ações e conhecimentos necessários que antecedem o recebimento das mercadorias. O objetivo é salientar a importância do conhecimento contextualizado nas práticas de movimentação de mercadorias; neste sentido, o contrato de fornecimento contempla todas as circunstâncias jurídicas e comerciais para que as organizações não se furtem de suas obrigações. Sobre os pedidos, o gestor deve definir junto com o fornecedor o meio adequado para a realização de pedidos mediante as tecnologias apresentadas. A ferramenta de agendamento é uma excelente estratégia para o atendimento de fornecedores, possibilitando a definição da data, horário e doca para recebimento das entregas. O cuidado com os cadastros de fornecedores e mercadorias é vital para a criação de um histórico e a elaboração de estratégias, além do registo, manutenção e atualização desses dados. Aliada aos processos operacionais, a automação adequada permite suportar os procedimentos operacionais e gerenciais das empresas. Em muitos casos, as empresas que não se adequarem a automação dos processos de movimentação de mercadorias poderão perder competitividade nos negócios.

1.7 DIAGRAMA DO CAPÍTULO

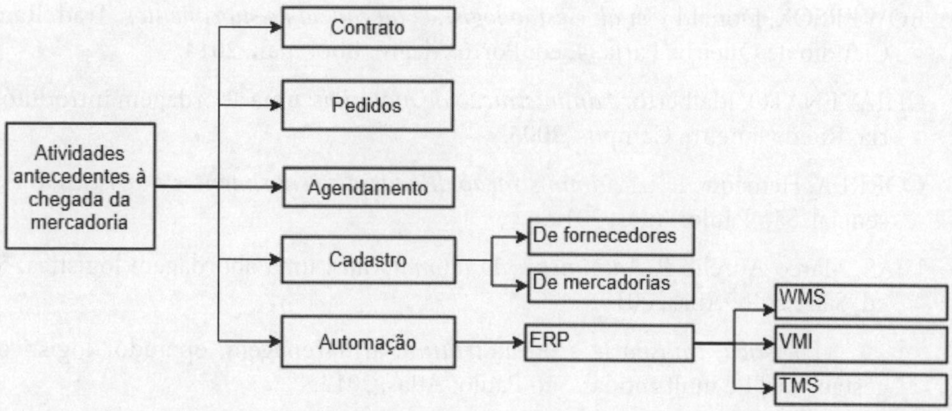

1.8 EXERCÍCIOS DE FIXAÇÃO

1. Qual a importância da celebração de um contrato de fornecimento?
2. Por que um contrato de fornecimento deve ter uma validade?
3. Existe algum tipo de empresa que depende de apenas um único fornecedor? Dê exemplos.
4. Cite duas vantagens da adoção da ferramenta de agendamento.
5. Caso você tivesse a tarefa de montar um organograma de uma empresa varejista, onde alocaria o setor de cadastro? Por quê?
6. Crie um fluxo de atividades para o cadastro de fornecedores e mercadorias.
7. Cite duas atividades inerentes ao processo de recebimento de mercadorias.
8. O que são as docas em um depósito de mercadorias?
9. Qual o nome dado à estrutura metálica destinada a guardar produtos como tábuas e canos?
10. Cite algumas vantagens da utilização do WMS.

1.9 REFERÊNCIAS

ALVARENGA, Antônio Carlos; NOVAES, Antônio Galvão. *Logística aplicada*: suprimento e distribuição física. 3. ed. São Paulo: Blucher, 2000.

ARNOLD, J. R. Tony. *Administração de materiais*: uma introdução. Trad. Celso Rimoli e Lenita R. Esteves. São Paulo: Atlas, 2008.

AYRES, Antônio de Pádua Salmeron. *Gestão de logística e operações*. Curitiba: Iesde Brasil, 2009.

BALLOU, Ronald H. *Gerenciamento da cadeia de suprimentos/Logística empresarial*. Trad. Raul Rubenich. 5. ed. Porto Alegre: Bookman, 2006.

BOWERSOX, Donald J. *et al. Gestão logística da cadeia de suprimentos*. Trad. Raul Claudio de Queiroz Faria. 4. ed. Porto Alegre: Bookman, 2014.

CHIAVENATO, Idalberto. *Administração de materiais*: uma abordagem introdutória. Rio de Janeiro: Campus, 2005.

CORRÊA, Henrique Luiz. *Administração de cadeia de suprimentos e logística*: o essencial. São Paulo: Atlas, 2014.

DIAS, Marco Aurélio P. *Administração de materiais*: uma abordagem logística. 5. ed. São Paulo: Atlas, 2010.

______. *Logística, transporte e infraestrutura*: armazenagem, operador logístico, gestão via TI e multimodal. São Paulo: Atlas, 2012.

GONÇALVES, Paulo Sérgio. *Administração de materiais*. 2. ed. rev. e atual. Rio de Janeiro: Campos, 2007.

MOURA, Cássia E. de. *Gestão de estoque*: ação e monitoramento da cadeia de logística integrada. Rio de Janeiro: Ciência Moderna, 2004.

PIRES, Sílvio R. I. *Gestão da cadeia de suprimentos*: conceitos, estratégias, práticas e casos. São Paulo: Atlas, 2007.

TADEU, Hugo Ferreira Braga. *Gestão de estoques*: fundamentos, modelos matemáticos e melhores práticas aplicadas. São Paulo: Cengage Learning, 2010.

VALENTE, Amir Mattar *et al. Gerenciamento de transportes e frotas*. São Paulo: Cengage Learning, 2012.

VIANA, João José. *Administração de materiais*: um enfoque prático. São Paulo: Atlas, 2006.

CAPÍTULO 2
ARMAZENAMENTO

Este capítulo propõe a elucidação das etapas e a imersão em questões importantes para a tomada de decisões, que talvez sejam negligenciadas ou até mesmo desconhecidas pelos gestores de estoques dentro do processo de armazenamento.

Armazenar consiste no conhecimento e na gestão de uma sequência lógica que compreende as etapas de recebimento, estocagem, atendimento de pedido e expedição. Ou seja, os termos "armazenamento" e "estocagem" não são sinônimos. Brito Júnior e Spejorim (2012, p. 19), por exemplo, dizem que "a função armazenar é relativa à guarda e preservação do material, e a função estocar, à disponibilidade do material".

Há variações deste conceito pormenorizando cada uma das etapas. Já o conceito sintético proposto por Tadeu (2010, p. 293) apresenta o processo de armazenamento como "a administração do espaço necessário para manter os estoques".

Por que há tanta preocupação em zelar pela guarda dos produtos? A resposta para esta pergunta é bem explorada por Slack, Chambers e Johnston (2009, p. 356), que "conceituam estoque como a acumulação armazenada de recursos materiais [...]".

Sob esta ótica, os produtos são mais do que artigos adquiridos para revenda ou produção, são também opções de investimentos cuja origem é o capital. O empresário, ao decidir adquirir produtos para comercialização, considera que essa ação é a melhor proposta para aplicar os recursos financeiros. Assim, pode-se fazer outra pergunta: *por que existe estoque?* Continuam os autores dizendo que "a justificativa para serem mantidas estocadas mercadorias é porque existe uma diferença de ritmo (ou de taxa) entre fornecimento e demandas. Se o fornecimento de qualquer item ocorresse exatamente quando fosse demandado, o item nunca precisaria ser estocado". Já Viana (2006, p. 109) justifica que "estoques são utilizados para [...] permitir o atendimento regular das necessidades dos usuários para a continuidade das atividades da empresa, sendo o estoque gerado, consequentemente, pela impossibilidade de prever-se a demanda com exatidão".

Fica evidente a importância de se manter certa quantidade de mercadorias estocadas e de zelar por uma excelente gestão, que se inicia no recebimento. Isso faz com que todas as etapas devam ser entendidas como investimento, o que quer dizer que zelar pela qualidade das atividades existentes proporciona ganho financeiro para a empresa. Assim, Bowersox e Closs (2007, p. 226) ratificam que "o estoque consiste em substancial investimento em ativos e, portanto, deve proporcionar pelo menos algum retorno de capital".

Sabe-se que, no cenário econômico, a palavra-chave é escassez. Em vista disto, a adequação de recursos, como estrutura física, mão de obra e técnicas, pode variar de empresa para empresa, mas em sua essência as etapas terão características em comum, como se observará a seguir.

2.1 RECEBIMENTO

A primeira etapa a ser apresentada é a de recebimento. Ratifica-se que esta fase é de suma importância para todo o processo de armazenamento. Em qualquer empresa, as rotinas são cíclicas. Viana (2006, p. 281) contextualiza que "a atividade de recebimento intermedeia as tarefas de compra e pagamento ao fornecedor, sendo de sua responsabilidade a conferência dos materiais destinados à empresa".

Para que se possa executar a atividade de recebimento eficazmente, todos os recursos necessários devem estar disponíveis para um excelente e minucioso desempenho do recebimento de mercadorias. Quaisquer irregularidades no ato do recebimento acarretarão problemas em todas as demais etapas subsequentes se não forem corrigidas. Ou seja, se um conferente não atentar para alguma irregularidade no ato do recebimento e aceitar as mercadorias, o problema passa a ser da empresa.

No recebimento, existem duas situações distintas que serão base para este capítulo: conferência física e administrativa. Assim, ratifica Tadeu (2010, p. 260) que "uma questão a ser enfatizada nesta etapa é a atenção que deve ser dada à separação entre *recebimento fiscal*[1] [grifo nosso] e físico por causa das especificidades de cada tipo".

Desse modo, é imperativo que se definam processos claros que contemplem tanto o recebimento físico quanto o administrativo. Esses aspectos devem ser estabelecidos e delimitados antes mesmo de a mercadoria chegar à empresa. Esse mapeamento deve atentar para situações extraordinárias que podem existir, como produtos sazonais, mudança de embalagens e tecnologias.

2.1.1 MECANISMOS PARA DESCARREGAR MERCADORIAS

Desde a época do mercantilismo medieval, a força braçal sempre foi utilizada nas atividades de recebimento, movimentação e expedição das mercadorias comercializadas.

---

1 Nota-se que o autor utiliza a expressão fiscal para o termo aqui apresentado como conferência administrativa.

Mas como vivemos em uma época cuja tecnologia potencializa as atividades, faz-se necessário, e até mesmo vital, utilizar equipamentos para tais atividades.

Quando a mercadoria pedida chega à doca para descarregamento, é imperativa a disposição dos maquinários corretos para cada tipo de carga. Destacam Alvarenga e Novaes (2000, p. 142) que "unidades pesadas, indivisíveis, podem ser descarregadas por meio de guinchos, guindastes ou pontes rolantes ou num carrinho. [...] O processo mecânico mais utilizado para mercadorias unitizadas se baseia na empilhadeira".

Dessa forma, o investimento no equipamento correto potencializa as ações inerentes ao processo de descarregamento e aprimora o fluxo operacional das etapas da conferência física, que serão apresentadas a seguir.

2.1.2 PESSOAL

Apesar dos avanços tecnológicos, é impossível não considerar a participação de mão de obra qualificada na conferência. As empresas devem buscar, constantemente, instruir seu pessoal, objetivando a manutenção dos procedimentos e um olhar crítico sobre as mercadorias que estão sendo entregues. Algumas vantagens de um conferente qualificado são as seguintes:

- proporciona uma melhor acurácia nos julgamentos necessários em situações que a empresa não tenha contemplado nos treinamentos;
- melhora a relação comercial entre a empresa e os fornecedores;
- assegura credibilidade nas decisões tomadas;
- otimiza os processos seguintes.

Essas vantagens não são alcançadas se essas características não existirem nesses profissionais. Algumas habilidades são importantes, como: visão crítica processual, conhecimento técnico sobre manuseio de maquinário, gestão de pessoas, gestão de tempo e ética. Isso fica claro na quando Chiavenato (2014, p. 36) diz que "uma das preocupações que as empresas deverão ter com o futuro é a preocupação em educar, treinar, motivar, liderar as pessoas que trabalham na organização, incutindo-lhes o espírito empreendedor e oferecendo-lhes uma cultura participativa ao lado de oportunidades de plena realização pessoal".

Claro que existem outros atributos tão importantes quanto esses, mas o que é imperativo é que esse profissional seja notadamente assistido, já que ele é a última barreira antes de a mercadoria estar sob a posse da empresa.

Outro ponto extremamente relevante é a determinação das atividades funcionais de cada trabalhador. Assim, Bruni e Gomes (2010, p. 65) afirmam que "as atribuições dos colaboradores ou setores internos da empresa devem ser claramente definidas e limitadas, de preferência por escrito, mediante o estabelecimento de manuais".

Após a definição da funcionalidade dos cargos, é imperativo salientar a questão da segurança, pois todo cuidado é pouco. No que tange à segurança física desses profissionais, são necessárias algumas medidas protetivas. Slack, Chambers e Johnston (2009, p. 248) informam que "a ergonomia se ocupa primariamente dos aspectos fisiológicos do projeto de trabalho, isto é, com o corpo humano e como ele se ajusta ao ambiente". Nesse sentido, é vital o estudo e a implantação das diretrizes da Norma Regulamentadora (NR) 17 – Ergonomia, que "promove a adaptação do ambiente de trabalho às características do funcionário".

2.2 CONFERÊNCIA

A conferência consiste na certificação do que está sendo entregue. Além da conferência física, que é dividida em conferência quantitativa e qualitativa, existe também a conferência administrativa, que contempla os campos referentes a documentos como nota fiscal eletrônica e pedido realizado. Como esse setor é a porta de entrada de tudo o que a empresa adquire, é vital a adoção de práticas eficazes para que nada seja recebido sem as condições necessárias e nas quantidades solicitadas.

2.2.1 CONFERÊNCIA QUANTITATIVA

No que tange à conferência quantitativa, o conferente confronta se a quantidade de mercadoria que está sendo recebida é a correta. Nesta etapa é feita a ratificação utilizando as informações do pedido realizado pelo comprador, e não a nota fiscal emitida pelo fornecedor. O documento que gera a compra é o pedido, que, posteriormente, resulta na nota fiscal entregue junto da carga.

Para ilustrar a importância da adoção da utilização do pedido, será feita a seguinte análise de uma simulação do recebimento do produto "X":

- *1ª situação*: o pedido foi de 10 caixas, o fornecedor enviou 9 caixas e a nota fiscal foi faturada com 9 caixas.
- *2ª situação*: o pedido foi de 10 caixas, o fornecedor enviou 11 caixas e a nota fiscal foi faturada com 11 caixas.
- *3ª situação*: não houve pedido, o fornecedor enviou 10 caixas e a nota fiscal foi faturada com 10 caixas.

Esses cenários são demonstrados resumidamente no Quadro 2.1.

Quadro 2.1. Situação de recebimento

Situações	Pedido feito	Quantidade entregue	Quantidade na NF
1ª	10 caixas	09 caixas	09 caixas
2ª	10 caixas	11 caixas	11 caixas
3ª	00 caixas	10 caixas	10 caixas

Nota-se que nos três casos as quantidades físicas correspondem exatamente à nota fiscal emitida pelo fornecedor. Caso o procedimento ocorresse apenas utilizando esse documento, o conferente poderia afirmar que a quantidade entregue estava correta. Não que a nota fiscal não seja utilizada no processo de recebimento, mas o momento para utilização desse documento é outro.

- Na 1ª situação, falta apenas uma caixa. Pode dar a impressão de que apenas uma caixa não fará falta, mas suponha que quem está comprando está atendendo a um pedido feito por encomenda. Logo, algum cliente ficaria sem receber esta caixa da mercadoria X.
- Na 2ª situação, foi entregue uma caixa a mais. Também pode dar a impressão de que esta caixa sobressalente não teria um impacto na empresa, mas suponha que:
    - a mercadoria X tem a característica de ter uma vida útil curta. Será que a empresa conseguirá vender esta mercadoria antes do vencimento sem afetar a rentabilidade?
    - a mercadoria X tem um custo de aquisição elevado: poderão faltar recursos financeiros para saldar a dívida com o fornecedor;
    - falta espaço para estocar esta caixa sobressalente.
- A 3ª situação é ainda mais grave, visto que não foi pedida nenhuma quantidade da mercadoria e o fornecedor a enviou, comprometendo o fluxo de caixa da empresa caso o conferente aceite tal situação.

Em nenhuma das situações o fornecedor atendeu por completo o pedido, o que justifica o procedimento operacional de conferência ser realizado confrontando a quantidade física com o pedido.

Agora que a utilização do pedido como base de conferência foi elucidada, pergunta-se: quais situações dentro da conferência física podem ocorrer no recebimento?

Sobre os efeitos da não adoção de cuidados no ato do recebimento, foi realizada em 2019, pela Associação Brasileira de Supermercados (ABRAS), a 18ª Avaliação de Perdas no Varejo Brasileiro de Supermercados, que destacou que o "controle detalhado de recebimento" é a primeira solução para 90,05% das empresas pesquisadas para redução das perdas. Isto evidencia a importância do conferente no cuidado técnico e preciso no ato do recebimento das mercadorias adquiridas pela empresa.

2.2.1.1 Conferência por amostragem ou total

A seleção de determinada quantidade da mercadoria para checagem da qualidade poderá ser feita por amostragem ou em sua totalidade. A conferência por amostragem consiste em selecionar quantidades aleatórias dentro de um pedido e averiguar a qualidade, projetando o resultado para toda a entrega da mesma mercadoria. Já a conferência total é a verificação de 100% das mercadorias.

Um ponto que requer cuidado na conferência é o tipo de mercadoria que tem, por característica própria, alto índice de furto. Nesse caso, a conferência deve ser de 100% para evitar fraudes. As diretrizes sobre o percentual a ser utilizado para definir a quantidade de mercadorias a serem conferidas devem ser elaboradas previamente, para evitar arbitrariedades no ato da conferência. Quanto maior o percentual proposto, maior será o tempo e o custo para finalizar o processo de recebimento do pedido. Em compensação, as irregularidades serão identificadas mais facilmente. A decisão não pode ficar a cargo do conferente, mas sim, do gestor de estoque da empresa.

Somente após a averiguação da qualidade e da quantidade das mercadorias é que se pode aceitar a entrada no estoque. Caso o gestor necessite de mais evidências sobre a qualidade do que está sendo recebido, este não deve se furtar a adotar mecanismos que irão atendê-lo. Se a mercadoria não apresentar condições básicas para revenda, o conferente pode recusar o recebimento, evitando que essas irregularidades entrem na empresa.

2.2.1.2 Via cega

Dissemos anteriormente que o conferente dever proceder à verificação das mercadorias não pela nota fiscal do fornecedor, mas sim pelo pedido feito pela empresa. Para que o conferente não realize um recebimento equivocadamente, ele receberá apenas uma relação das mercadorias, ficando o campo de quantidade em branco para ser informado no ato da conferência. Esta técnica é chamada de conferência pela via cega.

Neste entendimento, justifica Ayres (2009, p. 102) que "a pessoa que faz a contagem não deve jamais saber de antemão qual a quantidade que consta do controle de saldos ou dos documentos de entrada, para não ter a sua contagem influenciada". A conferência ocorre conforme a Figura 2.1.

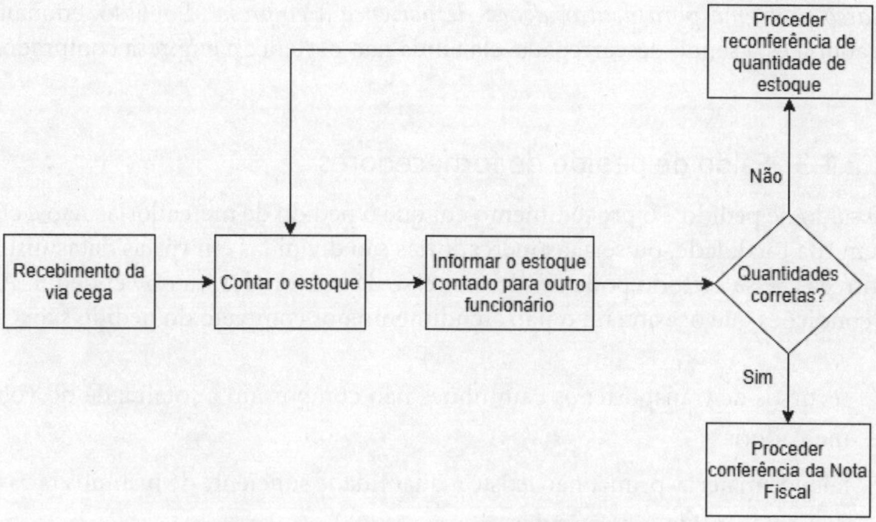

Figura 2.1. Esquema de conferência pela via cega.

Os passos são os seguintes:

- inicialmente o conferente recebe a via cega;
- levanta e informa o estoque que está recebendo;
- após a checagem, o conferente encaminha o documento para outro funcionário, que faz a comparação entre o que veio e o que foi pedido;
- esse outro funcionário confere as quantidades levantadas com o pedido feito pelo comprador;
- caso estejam corretas as quantidades informadas, o conferente recebe um OK;
- caso ocorra uma divergência, o conferente verifica apenas as mercadorias apontadas. Neste caso, o conferente reconta o estoque e informa ao setor responsável. Podem ocorrer duas situações distintas:
    - se na segunda contagem a quantidade persiste, ocorre que o fornecedor enviou mercadorias a mais ou a menos, dependendo do caso;
    - se a segunda contagem apresenta uma quantidade diferente da primeira contagem, é necessária uma terceira contagem. Uma dica aqui é utilizar outro funcionário para esta terceira contagem para finalizar.

Todo cuidado é pouco, visto que desde a mercadoria ser expedida pelo fornecedor, passando pelo transportador, que pode ser um prestador terceirizado, até chegar às docas de recebimento, podem ocorrer diversas situações, resultando em entregas imprecisas. Um ditado muito utilizado no departamento de logística é: "*se a empresa colocar o problema para dentro, agora ele pertence à empresa"*. Por isso, enquanto a mercadoria está sendo descarregada, ela ainda não pertence à empresa compradora.

2.2.1.3 Saldo de pedido de fornecedores

O saldo de pedido é o procedimento em que o pedido de mercadorias não é entregue em sua totalidade, ou seja, as mercadorias são divididas em várias datas distintas de entregas. Esse método pode ser de interesse do comprador ou do vendedor. Algumas condições que ocasionam o não atendimento por completo do pedido são:

- recursos de transporte: os caminhões não comportam a totalidade do volume mercadorias;
- falta de matéria-prima: não existe a quantidade suficiente de insumos para produzir a quantidade solicitada;
- falta de espaço da empresa compradora: não há espaço suficiente para armazenar todas as mercadorias adquiridas ou a necessidade de consumo é feita em partes.

Esses são apenas alguns exemplos de situações nas quais o que foi pedido não será, intencionalmente, atendido. Diante desse cenário, ao confrontar o pedido com a quantidade de mercadorias que está sendo entregue, a conferência deverá considerar estas circunstâncias.

Mas não seria interessante aceitar saldo de pedido de todos os fornecedores. A possibilidade de as informações serem perdidas pode gerar gargalos se os procedimentos não forem executados corretamente. A princípio, o gestor deve trabalhar pontualmente com esses fornecedores, inclusive no contrato de fornecimento, como condição para a comercialização.

2.2.1.4 Segregação de função

A etapa de recebimento contempla outros processos que deverão ser seguidos. Para evitar fraude e manipulação das informações, é necessário adotar a segregação de funções, que consiste em atribuir ações e responsabilidades a pessoas diferentes para que não acarretem prejuízos financeiros e gerenciais para a empresa. Neste ponto, Almeida (2012, p. 61) justifica devido ao fato de as funções dos exemplos abaixo serem incompatíveis dentro de um sistema de controle interno. Por exemplo: (1) não seria possível o conferente ser o responsável pela entrada dos produtos no sistema, ou (2) o conferente ter acesso à nota fiscal do fornecedor.

- No primeiro caso, por não conferir corretamente, ele poderá dar entrada no sistema de um estoque que não reflete a realidade.

- No segundo caso, o conferente simplesmente aceitará as quantidades faturadas sem confrontar com o que está chegando naquele exato momento (pedido).

Outro ponto é que o conferente não pode estar subordinado a quem compra, para que não haja a possibilidade de represália quando da negativa ou acusação de erro do comprador.

É importante salientar que em empresas de menor porte existe a necessidade de acumulação de funções dos funcionários, seja por questões financeiras (custo da mão de obra) ou operacionais (não há tantas rotinas). Por isso, a capacitação e a qualificação de mão de obra para atuar nas atividades da empresa são atribuições intrínsecas do gestor. Aliadas a um arcabouço de treinamento e comunicação constantes, elevam o nível de transparência e confiabilidade nas ações executadas pelos funcionários e, consequentemente, melhoram os resultados esperados.

2.2.2 CONFERÊNCIA QUALITATIVA

A conferência qualitativa aponta possíveis vícios existentes nas mercadorias e que as tornam inapropriadas para consumo. Consequentemente, trata-se de mercadorias que a empresa não poderá receber. Viana (2006, p. 294) apresenta essa atividade como "inspeção técnica [...] que visa garantir a adequação do material ao fim a que se destina". Já Mattar (2011, p. 385) nomeia esse tipo de conferência de "inspeção visual de carga".

Ambas as denominações são semelhantes e, por conseguinte, evidenciam uma atribuição imperativa do conferente de recebimento. O Quadro 2.2 elucida a importância da inspeção das mercadorias no ato do recebimento.

Quadro 2.2. Tipos de inspeção

Tipos de inspeção	Observação
Análise visual	Objetiva verificar, sem a utilização de instrumentos, o acabamento do material, análise por meio da qual podem ser detectados defeitos.
Análise dimensional	A realização de medidas objetiva verificar, utilizando instrumentos de medição, as dimensões dos materiais, como comprimento, largura, altura, espessura etc.
Ensaios	Comprovam a qualidade, resistência mecânica, balanceamento, desempenho, funcionamento etc. dos materiais e/ou equipamentos.
Testes	Visam garantir a sanidade interna do material. Dependendo da situação, o fornecedor poderá emitir certificado de qualidade atestando os testes necessários que comprovarão a qualidade do material.
Consulta ao usuário do material	Em casos de divergências mínimas, deve-se consultar o usuário para, de comum acordo, decidir pela aceitação do material.

Fonte: Adaptado de Viana, 2006, p. 296.

Para exemplificar, imagine as seguintes situações:

- O pedido foi feito de um único tipo de produto, mas na quantidade de 300 volumes. Sabendo que todos são iguais, pode-se definir que se faça uma conferência por amostragem de um determinado percentual desse estoque de mercadoria. Com esse entendimento, Arnold (2008, p. 494) utiliza a expressão "*amostragem de aceitação* [grifo do autor], que consiste em tomar uma amostra de um lote do produto e utilizá-la para fazer uma estimativa da qualidade do lote como um todo".
- Se o pedido feito contempla mercadorias fracionadas ou em certa variedade, faz-se necessária uma checagem mais minuciosa.

A seguir são apresentadas algumas questões que afetam as mercadorias, impossibilitando seu recebimento.

2.2.2.1 Mercadoria viciada

As mercadorias devem apresentar uma estrutura inviolada, mantendo suas condições organolépticas intactas para comercialização. Ao constatar que essa estrutura se encontra danificada totalmente ou em parte, pode-se presumir que houve dano no transporte ou na fabricação da mercadoria. São exemplos de vícios aparentes na conferência de mercadorias:

- embalagem da mercadoria amassada;
- falta de rótulo;
- erro de impressão de dados informativos;
- falta de peças/componentes do produto original, entre outros.

2.2.2.2 Mercadoria fora dos padrões sanitários

Esse tipo de erro está ligado a mercadorias que não estão em condições de pressão ou temperatura adequadas; ou para as quais faltam embalagens adequadas para transporte. Um exemplo é uma mercadoria perecível que chega com uma temperatura acima ou abaixo da ideal para comercialização.

2.2.2.3 Mercadoria próxima do vencimento

O ponto-chave aqui é a definição do prazo limite decorrido desde a fabricação da mercadoria para seu recebimento.

Em consequência, a pergunta é: qual é o prazo aceito pela empresa para receber mercadorias levando em consideração a data de fabricação, o prazo de validade e a quantidade recebida?

Quadro 2.3. Relação dos campos para cálculo de recebimento

Abreviações	Rubrica	Conteúdo
DF	Data de fabricação	Data em que foi fabricada a mercadoria
DR	Data de recebimento	Data em que foi recebida a mercadoria
DV	Data de vencimento	Data em que a mercadoria vencerá
PE	Prazo de estoque	Dias para que a quantidade seja vendida por completo
PV	Prazo de validade	Dias de validade da mercadoria
PVr	Prazo de validade restante	Dias restantes até o vencimento a partir do recebimento
VM	Venda média	Pedido divido pela venda diária

Exemplo 1

Considere como exemplo uma mercadoria X que foi recebida no dia 25 de agosto e teve a fabricação apontada na embalagem no dia 10 de agosto. O fornecedor informou também que a mercadoria tem a validade findada em 18 de novembro.

Com base nessas informações, será providenciada uma análise objetiva acerca dos dados informados:

Dados:

DF = 10/08

DR = 25/08

DV = 18/11

PV = ?

Para identificar o PV, basta subtrair a data de vencimento (DV) da data de fabricação (DF):

Logo:

PV = DV – DF

PV = 18/11 – 10/08 = 100 dias, ou seja, a mercadoria tem 100 dias de validade.

Para identificar o prazo de validade restante (PVr), basta subtrair a data de vencimento (DV) da data de recebimento (DR):

PVr = DV – DR

PVr = 18/11 – 25/08 = 85 dias, ou seja, a mercadoria ainda terá 85 dias para ser comercializada a partir do recebimento.

Portanto, o quadro completo será o seguinte:

Quadro 2.4. Dados parciais para recebimento em 25 de agosto

Campos	Conteúdo
DF	10/08
DR	25/08
DV	18/11
PV	100 dias
PVr	85 dias

Voltando ao enunciado, a mercadoria X tem o total de 100 dias de validade e foi recebida faltando 85 dias para este prazo de validade terminar. Isso é suficiente para tomar a decisão de receber ou não o pedido? A resposta é: não.

Outro dado vital para definir se poderá ou não ocorrer o recebimento é a identificação da quantidade da mercadoria recebida, pois se a quantidade que está sendo recebida não for vendida antes do vencimento, a empresa incorrerá na perda física e financeira desse estoque. A definição da venda média dessa mercadoria deve ser levada em consideração. Por isso, consideremos, por exemplo, que a empresa venda em média 10 caixas dessa mercadoria por dia e que a quantidade que está chegando é de 400 caixas.

Observa-se que a empresa terá 85 dias para vender a mercadoria. Será que é aconselhável recebê-la ou não? Para responder a essa questão, deve-se comprovar se em 85 dias o estoque corre o risco de vencer.

Inicialmente, o conferente poderá responder por meio de duas questões simples: (1) esse estoque de 400 caixas demorará quantos dias para ser comercializado? (2) Nos 85 dias que a empresa tem para vender a quantidade que está chegando, ela poderia vender quantas caixas, em média?

Cálculos:

(1) Qual é o PE – dias necessários para que a quantidade seja vendida por completo?

Quantidade pedida: 400 caixas

Venda média diária (VM): 10 caixas

O resultado apresentado será a quantidade de dias necessária para que a empresa consiga comercializar todo o estoque. Logo, divide-se a quantidade recebida pela venda média:

$$\frac{400}{10} = 40 \text{ dias}$$

PE = 40 dias

Acrescentado o PE = 40 dias à DR, tem-se a seguinte data: 4 de outubro. Ou seja, como a mercadoria tem DV em 18 de novembro, a empresa conseguirá comercializar todo o estoque adquirido.

Outra forma de provar isso é o seguinte cálculo:

40 dias (PE) < 85 dias (PVr)

Recebendo a mercadoria 15 dias após a data de fabricação, acrescentam-se 40 dias, que é o tempo médio de revenda do estoque. Este terá duração até o dia 55 (15 + 40), 45 dias a menos que o PV estipulado pelo fornecedor.

Na Figura 2.2, é perceptível que até, aproximadamente, o dia 55 da data de fabricação (DF), que corresponde a 4 de outubro, o estoque será vendido, considerando uma média diária de 10 caixas e que o estoque esteja zerado.

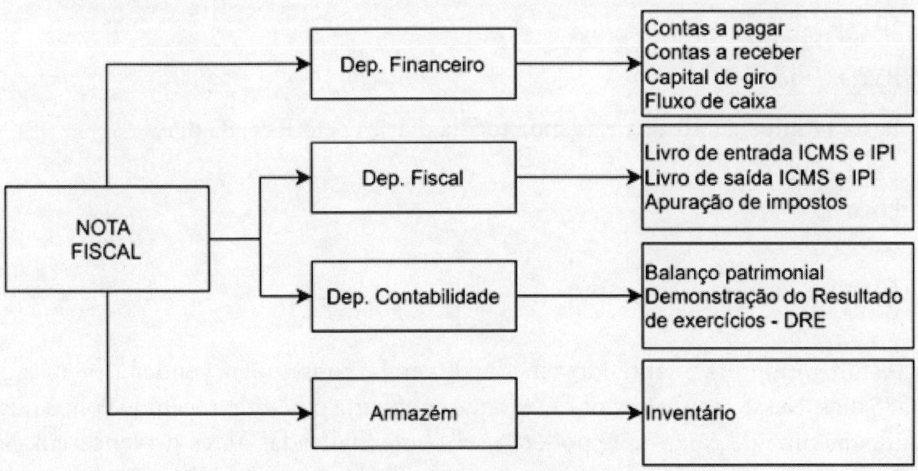

Figura 2.2. Reta ilustrativa – sem risco de vencimento.

Observação: é aconselhável não deixar a mercadoria até o último dia de validade, visto que, a depender do prazo de validade da mercadoria, o consumo pelo cliente poderá ser superior ao prazo restante. Assim, aconselha-se a retirada da mercadoria alguns dias antes, para não haver o risco de permanecer estoque vencido para venda e também para que o cliente possa consumi-la no prazo. O Código de Defesa do Consumidor, no art. 18, § 6º, respalda o cliente em casos de mercadorias vencidas.

Após a análise de todos os dados anteriores, o quadro de análise completo será:

Quadro 2.5. Dados completos para recebimento em 25 de agosto

Campo	Conteúdo
DF	10/08
DR	25/08
DV	18/11
PE	40 dias
PV	100 dias
PVr	85 dias
VM	10 caixas

(2) Considerando os 85 dias restantes para o vencimento da mercadoria, quantas caixas seriam necessárias para, mantendo-se a média, serem vendidas até o fim do vencimento?

Venda média (VM):

10 caixas

PVr: 85 dias

Basta multiplicar 10 caixas (venda média diária) pelo PVr: 85 dias

Logo, tem-se:

10 caixas 85 dias = 850 caixas

Assim, a empresa, mantendo a média de venda, conseguiria vender até 850 caixas em 85 dias. Nesse caso, o gestor de estoque confronta o pedido recebido com a quantidade máxima de caixas que poderão ser comercializadas antes de vencerem. Se a quantidade do pedido for menor que a quantidade máxima, o recebimento poderá ser realizado.

400 caixas (pedido) < 850 caixas (validade restante)

Observação: o gestor poderá optar tanto pelo cálculo 1 quanto pelo cálculo 2. Ambos provam que o PVr é suficiente para recebimento e comercialização do pedido, e mesmo que a média sofra uma oscilação, a empresa ainda terá alguns dias para trabalhar com essa mercadoria.

Exemplo 2

Agora será alterada a DR da mercadoria para o dia 25 de outubro. Mantendo-se as demais informações, como ficará o cálculo?

Como a empresa está para receber a mercadoria dia 25 de outubro, ela não poderá contar com aqueles 85 dias. Para definição do prazo de validade restante, basta abater da PV a DR, logo:

PVr = PV–DR

PVr = 18/11 – 25/10

PVr = 24 dias

Quadro 2.6. Dados completos para recebimento em 25 de outubro

Campo	Conteúdo
DF	10/08
DR	25/10
DV	18/11
PE	40 dias
PV	100 dias
PVr	24 dias
VM	10 caixas

Observando que a empresa terá 24 dias (18/11 – 25/10) restantes para vender o produto, será que é aconselhável receber ou não receber?

Cálculos:

(1) Qual a data em que todo o estoque adquirido poderá ser comercializado?

Quantidade pedida: 400 caixas

VM: 10 caixas

O resultado apresentado será a quantidade de dias em que a empresa conseguirá comercializar todo o estoque recebido. Se o resultado encontrado for maior que o PVr, o gestor não poderá autorizar o recebimento.

Dividindo a quantidade pedida pela venda média, tem-se:

$$\frac{400}{10} = 40 \text{ dias}$$

Logo: PE = 40 dias.

Acrescentando 40 dias à DR, tem-se a seguinte data: 4 de dezembro. Ou seja, se a mercadoria tem DV no dia 18 de novembro, a empresa *não* conseguirá comercializar todo o estoque adquirido considerando uma média de 10 caixas por dia. Outra forma de provar isto é o seguinte cálculo:

$$40 \text{ dias (PE)} > 24 \text{ dias (PVr)}$$

Neste caso, a empresa não conseguirá vender as 400 caixas, pois terá apenas 24 dias para comercializar a mercadoria.

Logo, ao receber a mercadoria a 76 dias (25/10 – 10/08) da DF, deve-se acrescentar a esse número PE = 40 dias, que é o prazo de estoque para comercialização. Com isso, a empresa necessitaria ter até o dia 116 (76 + 40) da DR, ou seja, 16 dias a mais que o PV (prazo de validade) estipulado pelo fornecedor.

A Figura 2.3 evidencia que não haverá prazo disponível para a comercialização de todo o estoque que está sendo recebido.

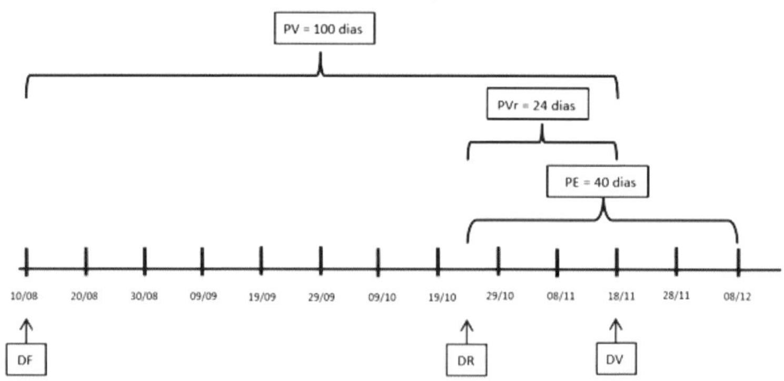

Figura 2.3. Reta ilustrativa – com risco de vencimento.

Tendo a empresa 24 dias para vender as 400 caixas, o que o gestor poderá fazer para não ter problemas de vencimento? Algumas soluções poderão ser:

- combinar com o fornecedor a troca por mercadorias mais novas;
- a compra de menos quantidades;

- aumentar a média de vendas;
- reduzir significativamente o preço de venda, comprometendo os ganhos financeiros devido à redução da margem de lucro.

Dado isso, é imperativo que se defina um limite para o PVr de todas as mercadorias que a empresa comercializa. Se o PVr estiver definido na política de recebimento, o conferente apenas deverá seguir esse critério, evitando ações arbitrárias que comprometeriam as operações subsequentes.

(2) Considerando os 24 dias restantes para o vencimento da mercadoria, quantas caixas seriam necessárias para, mantendo a média, serem vendidas até o fim do vencimento?

VM: 10 caixas

PVr: 24 dias

Basta multiplicar 10 caixas pelo PVr. Logo, tem-se:

$$10 \text{ caixas} \times 24 \text{ dias} = 240 \text{ caixas}$$

Assim, a empresa, mantendo-se a média de venda, conseguiria vender, aproximadamente, até 240 caixas em 24 dias. Nesse caso, o gestor de estoque confronta o pedido a ser recebido com a quantidade máxima de caixas que poderão ser comercializadas antes de vencerem. Se a quantidade do pedido for menor que a quantidade máxima, o recebimento poderá ser realizado.

$$400 \text{ caixas (pedido)} > 240 \text{ caixas (limite até vencer)}$$

Observação: o gestor poderá optar tanto pelo cálculo 1 quanto o cálculo 2. Eles provam que o PVr não é suficiente para a comercialização do pedido.

2.2.3 CONFERÊNCIA ADMINISTRATIVA

O processo de recebimento é uma etapa dentre tantas outras que existem em uma empresa. Entender como cada departamento atua em sintonia com outros fomenta o conhecimento da própria existência da empresa e como ela se comporta. Por isso, é importante destacar a inter-relação entre os departamentos. Como afirmam Brito Júnior e Spejorim (2012, p. 22), "as funções não podem ser consideradas isoladamente, pois estão interligadas. Qualquer movimento em um dos componentes tem efeito sobre os outros componentes do sistema".

Com o advento do Sistema Público de Escrituração Digital (SPED), as empresas têm acesso aos dados do documento auxiliar da NF-e (DANFE) antes mesmo de a mercadoria chegar para ser descarregada. Portanto, essa etapa pode e deve ser feita previamente à conferência física. Os mais diversos campos da nota fiscal eletrônica (NFe) proporcionam uma verificação dos dados acordados no pedido. Como mostra a Figura 2.4, o documento fiscal abastece vários departamentos. As informações encontradas na NFe contemplam diversos campos que serão tratados a seguir.

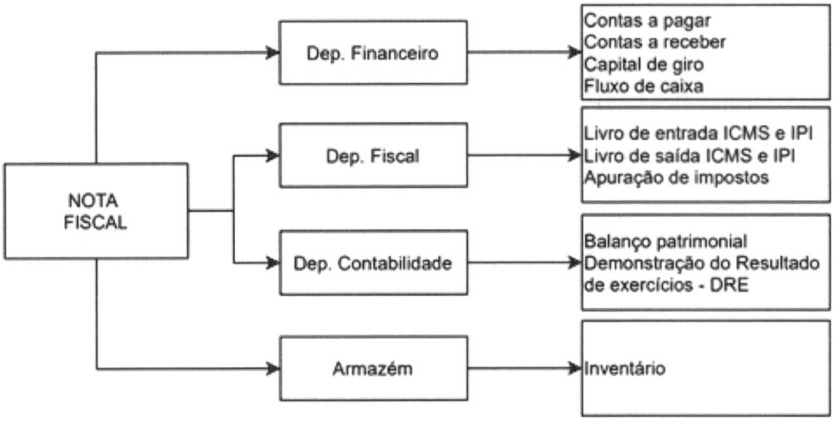

Figura 2.4. Esquema dos departamentos e o impacto da NFe.

Apresentaremos agora os impactos da entrada da NFe nestes departamentos.

2.2.3.1 Departamento financeiro

O departamento financeiro da empresa é responsável pelo pagamento dos fornecedores e pelo recebimento dos valores pagos pelos clientes. Quando a empresa adquire mercadorias para revenda, faz-se necessário que o pagamento seja à vista ou a prazo. Assim, o funcionário do departamento financeiro deverá conferir tanto a nota fiscal quanto o título para pagamento sobre alguns campos, como:

- nome do fornecedor;
- número da nota fiscal;
- valor total da nota;
- se há descontos financeiros;
- eventuais multa e juros de mora;
- condição de pagamento;
- prazo de pagamento;
- se há frete.

Geralmente o boleto bancário é o título mais utilizado em transações comerciais. Ele entra no setor de contas a pagar e é programado para ser quitado na data acordada, além de abastecer o fluxo de caixa. Em face desta tarefa, é imprescindível que a conferência dos documentos não ocorra apenas no ato da chegada da mercadoria. Se a empresa tem acesso prévio ao arquivo .xml, deve se programar para tal atividade.

As únicas exceções são as operações que utilizam os códigos fiscais de operação (CFOP) 5910 e 6910, referentes a mercadorias remetidas na condição de bonificação, doação ou brinde. Como estão sendo enviadas gratuitamente por qualquer motivo, nada há que abastecer o setor de contas a pagar da empresa.

2.2.3.2 Departamento fiscal

O departamento fiscal é o responsável pela averiguação das informações tributárias vigentes faturadas nas NFe, como:

- Idoneidade da NFe:
  - prazo de validade;
  - protocolo de autenticação de uso.
- Conferência de dados tributários de ICMS, IPI, PIS e Cofins:[2]
  - base de cálculo;[3]
  - alíquotas;
  - redução de base de cálculo;
  - não tributação ou isenção;
  - substituição tributária;
  - data de recolhimento;
  - CFOP, código de situação tributária (CST) e código de situação da operação do Simples Nacional (CSOSN);[4]
  - nomenclatura comum do Mercosul/sistema harmonioso (NCM/SH).
- Preenchimento de livros como: livro de registo de entrada e o de saída de ICMS e IPI; livro de apuração de ICMS e IPI; livro de controle de crédito do ativo permanente (CIAP).
- Além disso, são indispensáveis as obrigações acessórias de transmissão de informações de acordo com a legislação vigente.

---

[2] Imposto sobre Circulação de Mercadorias e Serviços, Imposto sobre Produtos Industrializados, Programa de Integração Social e Contribuição para o Financiamento da Seguridade Social.

[3] NFe de serviço podem contemplar o Imposto sobre Serviço de Qualquer Natureza (ISS/QN) e a contribuição ao Instituto Nacional do Seguridade Social (INSS).

[4] O CSOSN é utilizado em empresas adeptas do Simples Nacional.

Os colaboradores desse departamento atuam diretamente junto às legislações municipal, estadual e federal. Por essa razão, uma empresa que comercializa em vários estados e municípios deve ter uma fonte segura e vigente das minúcias tributárias, posto que a legislação no nosso país é complexa e sofre alterações constantes.[5]

2.2.3.3 Departamento contábil

A contabilidade é o departamento no qual o patrimônio da empresa é registrado. Esse registro é feito mediante lançamentos dos fatos administrativos que ocorreram em um determinado período.[6]

Quando do ato da entrada da nota fiscal do fornecedor, a contabilidade faz o lançamento na respectiva conta de estoque no ativo circulante e no provisionamento do fornecedor na conta de fornecedores no passivo circulante. Essa ação proporciona uma mudança no balanço patrimonial. Reforça Padoveze (2012, p. 38) que "o balanço patrimonial reflete toda a riqueza da empresa, o capital investido e todos os lucros da vida da empresa até aquele momento que ainda não foram distribuídos".

Caso haja algum tipo de desconto na transação, poderá ocorrer uma alteração na demonstração de resultado de exercícios (DRE) ou na constituição do custo de entrada (redução). Além disso, caso haja frete por conta do comprador, há a inclusão desse valor na constituição do custo.

Tanto o departamento contábil quanto o fiscal trabalham em harmonia, visto que as matérias trabalhadas em ambos os departamentos são correlatas. Isso significa que em certas empresas não há distinção entre este e aquele, mas sim distinção de atribuições.

2.2.3.4 Armazém

Trata-se do local de guarda do pedido. "Após o recebimento da mercadoria, esse estoque passa a integrar fisicamente o saldo da empresa, também chamado de depósito ou almoxarifado", conforme Dias (2010, p. 144). Quando do aceite da mercadoria recebida, esse estoque passará a seguir os trâmites internos de estocagem.

Aqui há uma "ponte" com a contabilidade, visto que esse departamento elabora o livro registro de inventário.[7] Desse livro, obrigatório, constam detalhadamente as mercadorias para revenda, matéria-prima para indústria, além de material de embalagens.

Mediante o envio prévio da nota fiscal, o gestor deverá elaborar um plano operacional para recebimento da mercadoria pedida na data prevista.[8] Ou seja, o início da

---

[5] Uma prática das empresas é a contratação de prestadores que se especializam no trabalho hermenêutico da legislação.

[6] Art. 177 da Lei n. 6.404/76 – Lei das Sociedades por Ações e Equiparadas.

[7] Art. 275, inciso I da Lei n. 9.580/2018 – Regulamenta a tributação, a fiscalização, a arrecadação e a administração do Imposto sobre a Renda e Proventos de Qualquer Natureza.

[8] Ver item 1.3, "Agendamento".

atividade de estocagem acontece bem antes de a mercadoria, fisicamente, estar disponível para conferência.

2.3 RESUMO

Este capítulo apresentou as peculiaridades da etapa de recebimento dos pedidos. Assim que as mercadorias são descarregadas dos caminhões, o procedimento imediato é a conferência, ou seja, saber se o que está sendo entregue foi pedido. A conferência física contempla questões sobre validade, quantidade pedida, mercadorias viciadas, conferência pela via cega, além de questões sanitárias. No que tange à conferência administrativa, destaca-se a inter-relação entre os departamentos que são afetados, direta ou indiretamente, quando da emissão de nota fiscal do fornecedor. Os principais cuidados são: emissão correta do arquivo .xml, tributação, abastecimento do setor de contas a pagar, além de registros contábeis e fiscais. Qualquer anomalia, tanto física como na documentação deverá ser retificada para que a empresa não acolha no estoque mercadorias com irregularidades.

2.4 DIAGRAMA DO CAPÍTULO

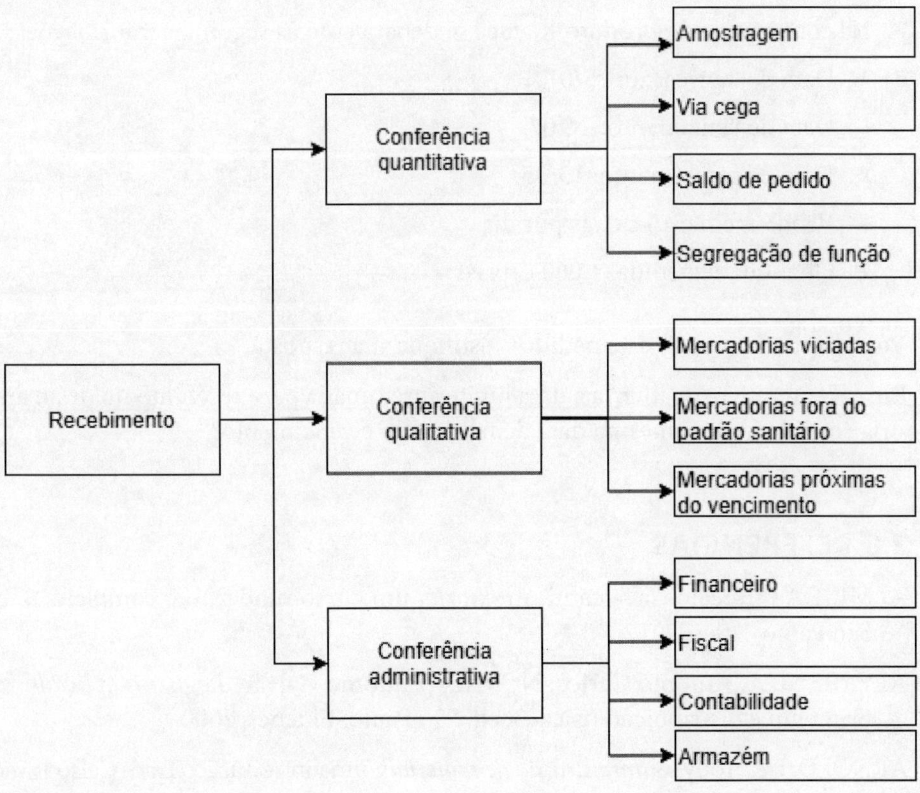

2.5 EXERCÍCIOS DE FIXAÇÃO

1. Qual a diferença entre armazenagem e estocagem?
2. Qual ação você adotaria caso o fornecedor enviasse uma mercadoria a mais do que a quantidade pedida?
3. Existem motivos para que uma empresa aceite receber uma mercadoria com prazo de vencimento próximo?
4. Quais cuidados você adotaria para conferir, fisicamente, os seguintes produtos?
   a. Carne resfriada.
   b. Extrato de tomate enlatado.
   c. Hortaliças.
   d. Pratos descartáveis.
   e. Biscoito água e sal.
5. Suponhamos que você receberá um pedido com 10 paletes do mesmo produto (cerveja em lata). Como seria sua conferência por amostragem?
6. Ao conferir uma carga, você percebe que está faltando, fisicamente, uma caixa do pedido. Que procedimento você adotaria?
7. Na conferência do produto X, você se depara com as seguintes informações:
   - Data de fabricação: 25/01.
   - Data de vencimento: 24/07.
   - Data de recebimento: 13/05.
   - Venda média: 10 caixas por dia.
   - Quantidade pedida: 1.000 caixas.

Você receberia ou não este pedido? Justifique sua resposta.

Em caso negativo, qual seria a data limite aproximada para recebimento desta mercadoria considerando a mesma data de fabricação e vencimento?

2.6 REFERÊNCIAS

ALMEIDA, Marcelo Cavalcanti. *Auditoria*: um curso moderno e completo. 8. ed. São Paulo: Atlas, 2012.

ALVARENGA, Antônio Carlos; NOVAES, Antônio Galvão. *Logística aplicada*: suprimento e distribuição física. 3. ed. São Paulo: Blucher, 2000.

ARNOLD, J. R. Tony. *Administração de materiais*: uma introdução. Trad. Celso Rimoli e Lenita R. Esteves. São Paulo: Atlas, 2008.

AYRES, Antônio de Pádua Salmeron. *Gestão de logística e operações*. Curitiba: Iesde Brasil, 2009.

BOWERSOX, Donald J.; CLOSS, David J. *Logística empresarial*: o processo de integração da cadeia de suprimentos. Trad. Centro de Estudos em Logística e Adalberto Ferreira das Neves. São Paulo: Atlas, 2007.

BRASIL. Decreto n. 9.580, de 22 de novembro de 2018. Disponível em: http://www.planalto.gov.br/ccivil_03/_ato2015-2018/2018/decreto/D9580.htm. Acesso em: 10 dez. 2019.

BRASIL. Escrituração. Lei n. 6.404, de 15 de dezembro de 1976. Lei das Sociedades Anônimas. Disponível em: http://www.planalto.gov.br/ccivil_03/leis/l6404consol.htm. Acesso em: 12 dez. 2019.

BRASIL. Lei n. 8.078, de 11 de setembro de 1990. Código de defesa do consumidor. Disponível em: https://www.procon.sp.gov.br/wp-content/uploads/files/CDC-completo.pdf. Acesso em: 25 maio 2021.

BRASIL. Receita Federal. *Sped*: Sistema Público de Escrituração Digital. Brasília, DF: Receita Federal, s/d. Disponível em: http://sped.rfb.gov.br/pagina/show/969. Acesso em: 09 ago. 2019.

BRITO JÚNIOR, Irineu de; SPEJORIM, Washington. *Gestão estratégica de armazenagem*. Curitiba: Iesde Brasil, 2012.

BRUNI, Adriano Leal; GOMES, Sônia Maria da Silva. *Controladoria*: conceitos, ferramentas e desafios. Salvador: Edufba, 2010.

CHIAVENATO, Idalberto. *Gestão de pessoas*: o novo papel dos recursos humanos nas organizações. 4. ed. São Paulo: Manole, 2014.

DIAS, Marco Aurélio P. *Administração de materiais*: uma abordagem logística. 5. ed. São Paulo: Atlas, 2010.

ESCOLA Nacional da Inspeção do Trabalho (Enit). *Manual de aplicação da Norma Regulamentadora n. 17*. Brasília, 2002. Disponível em: https://www.gov.br/trabalho/pt-br/inspecao/seguranca-e-saude-no-trabalho/normas-regulamentadoras/nr-17.pdf/view. Acesso em: 7 jun. 2021.

MATTAR, Fauze Najig. *Administração de varejo.* Rio de Janeiro: Elsevier, 2011.

PADOVEZE, Clóvis Luis. *Contabilidade gerencial.* Curitiba: IESDE Brasil, 2012.

PERDAS do setor supermercadista somaram R$ 6,4 bilhões em 2017. *Abras*. Disponível em: http://www.abrasnet.com.br/economia-e-pesquisa/perdas/pesquisa-2018. Acesso em: 10 ago. 2019

SLACK, Nigel; CHAMBERS, Stuart; JOHNSTON, Robert. *Administração da produção.* Trad. Maria Teresa Corrêa de Oliveira. 3. ed. São Paulo: Atlas, 2009.

TADEU, Hugo Ferreira Braga. *Gestão de estoques*: fundamentos, modelos matemáticos e melhores práticas aplicadas. São Paulo: Cengage Learning, 2010.

VIANA, João José. *Administração de materiais*: um enfoque prático. São Paulo: Atlas, 2006.

CAPÍTULO 3
ESTOCAGEM

A fase de estocagem consiste em manter as mercadorias guardadas à espera de transferência para outras filiais, ou serem vendidas a clientes ou consumidas internamente. O gestor deve atentar, mediante procedimentos operacionais de otimização, para que as mercadorias não fiquem estocadas por muito tempo, visto que quanto mais rápido for o giro,[1] melhor.

Segundo as principais vertentes, o propósito do estoque é, como expõe Ballou (2006, p. 416), "minimizar as despesas com manuseio dos materiais, conseguir a utilização máxima do espaço do armazém e superar determinadas restrições à localização das mercadorias, como aquelas necessárias para a segurança, a proteção contra incêndio, a compatibilização dos produtos e a separação de pedidos".

Todas essas observações têm um pano de fundo, que é o alcance da maximização dos espaços disponíveis. Assim, reforça Ayres (2009, p. 242) que, "inerentemente à gestão dos depósitos, os processos de armazenagem devem privilegiar a máxima racionalidade possível, justamente com o objetivo de se reduzirem atividades que não agreguem valor aos produtos".

Este capítulo apresenta pontos relevantes para se compreender como se dá a integração e a utilização dos equipamentos e maquinários na perspectiva operacional nas áreas de movimentação. Essa compreensão reforça a necessidade dos cuidados que a empresa deve adotar com a guarda de mercadorias. Além disso, proporciona uma visão acurada e tempestiva das rotinas intrínsecas ao depósito por meio da implantação e estudo do *layout*. Evidencia-se quão complexo poderá ser o funcionamento de uma empresa em caso de não observância de alguns detalhes. Cada setor tem suas características, e o inter-relacionamento entre eles explicita a importância de se entender cada um deles. Para iniciarmos os estudos de armazenagem, o primeiro tópico apresentado é o *layout*.

---

[1] Giro: período em que o estoque é renovado.

3.1 *LAYOUT*

Também conhecido com arranjo físico, é o conjunto das disponibilidades estruturais para atendimento do fluxo operacional e administrativo da empresa, contemplando todos os maquinários, áreas de movimentação e tecnologias. Moura (2004, p. 206) completa que "*layout* é um estudo sistemático que procura uma combinação ótima das instalações". Já para Viana (2006, p. 309), o termo "é o modo pelo qual, ao se inserirem figuras e gravuras, surge uma planta, podendo-se, por conseguinte, afirmar que o *layout* é uma maquete no papel".

Então, como é determinado o *layout* que uma empresa vai utilizar? A definição e instalação do *layout* em um depósito são condicionadas por quatro vertentes:

- as particularidades das mercadorias comercializadas, como volume, peso, característica, formas;
- os tipos de equipamentos de movimentação;
- as estruturas disponíveis;
- o próprio local no qual a empresa está instalada.

Para corroborar os apontamentos mencionados, façamos o seguinte exercício comparativo entre alguns tipos de depósitos: venda de botijão de gás de cozinha; marcenaria; loja de materiais de construção; açougue; posto de combustível; loja de eletroeletrônicos; farmácia; entre outros. É perceptível para quem já teve a oportunidade de estar nesses ambientes que a estrutura de estocagem é distinta entre eles, porque cada variedade de mercadoria requer especificações distintas. Não teria lógica alocar produtos resfriados ou congelados em locais aberto ou mercadorias sensíveis à luz perto de lâmpadas ou claraboias. Daí a necessidade de conhecer cada uma das vertentes apresentadas há pouco, para, posteriormente, definir como guardar as mercadorias.

Agora que questões salutares foram expostas, façamos uma análise da estrutura física dos *layouts* adotada nos depósitos. Para isso, apresentaremos tópicos relativos a áreas de recebimento, estocagem, movimentação, expedição e administrativa. Para melhor entendimento do assunto, é importante seguir a ordem proposta. Esses locais constituem, via de regra, toda a estrutura da armazenagem.

O exemplo da Figura 3.1 ilustra os principais pontos encontrados em um depósito, e variações dessas estruturas serão, certamente, encontradas nas empresas. A questão aqui é evidenciar os diferentes momentos e os respectivos locais onde as mercadorias ficarão durante a permanência da empresa.

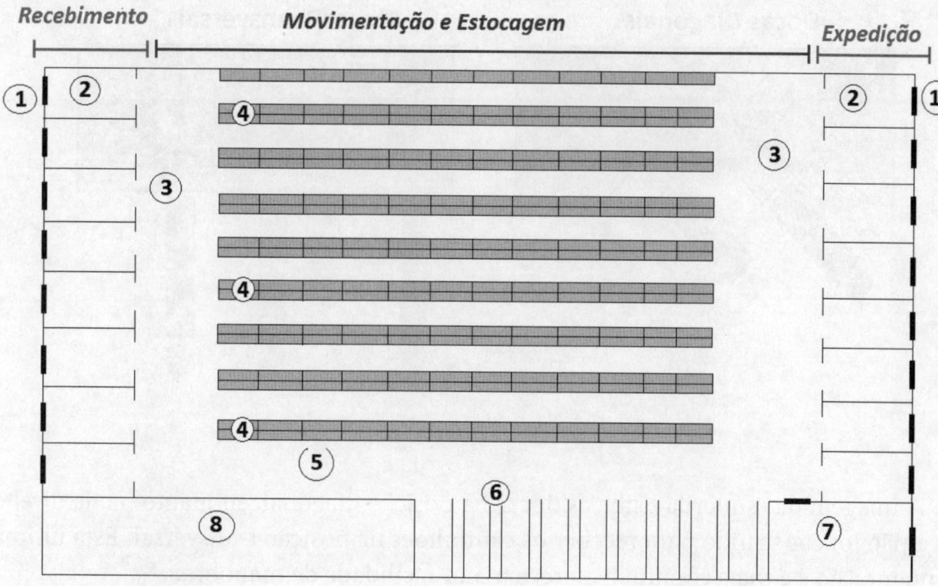

Figura 3.1. *Layout* de depósito: (1) docas; (2) área de conferência; (3) área de movimentação de funcionários, maquinários e mercadorias; (4) porta-paletes; (5) rua ou corredor; (6) blocado; (7) mercadorias avariadas; (8) administração.

3.1.1 ÁREA DE RECEBIMENTO E EXPEDIÇÃO

Esta primeira parte compreende o local no qual os procedimentos de recebimento, expedição e conferência de mercadorias são realizados. Ela é composta das docas e da área de conferência.

3.1.1.1 Docas

São os portões que dão acesso ao interior do depósito. Essas entradas levam em consideração a largura das carrocerias dos caminhões e devem estar na mesma altura dos veículos para facilitar o recebimento. Quando as plataformas não estão no mesmo nível dos caminhões, utiliza-se uma rampa elétrica ou mecânica ou uma empilhadeira para movimentação das mercadorias. Existem caminhões que já possuem acoplados na carroceria modelos de rampas que auxiliam no carregamento ou descarregamento da mercadoria.

De acordo com o *layout* dos depósitos, a configuração das docas e da plataforma de descarregamento pode ser expressa conforme os dois exemplos da Figura 3.2.

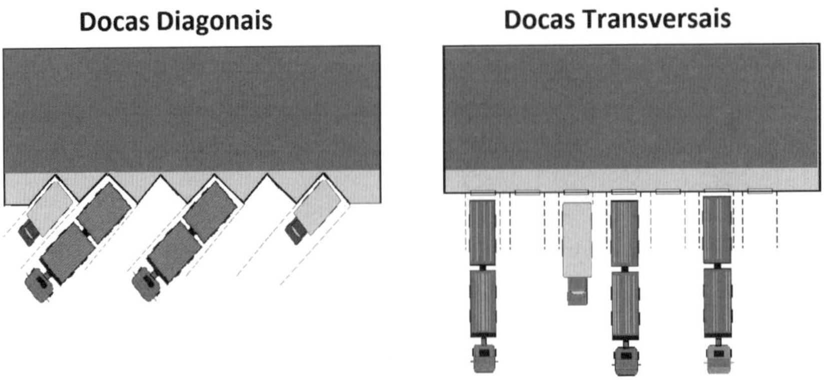

Figura 3.2. Disposição das docas de recebimento.

A imagem da esquerda exibe as docas na posição diagonal, enquanto na da direita o galpão foi construído para receber os caminhões na posição transversal. Esta última configuração é a mais comum e oferece maior facilidade de manobra.

A identificação de cada doca ocorre pela atribuição de números ou letras em ordem crescente, facilitando que o motorista reconheça onde encostar o caminhão.

Independentemente da disposição das docas e da plataforma, é importante para a empresa e para o transportador (o motorista) a disponibilidade de uma área de circulação e manobra dos veículos de carga nas dependências do depósito. É por essa razão que os depósitos não estão localizados nas regiões urbanas, mas sim, em locais periféricos, já que o crescimento populacional pode inviabilizar a instalação de uma estrutura com essas dimensões e necessidades. Além disso, o motorista não precisa trafegar por vias de difícil trânsito quando o depósito fica em uma área servida por rodovias.

3.1.1.2 Área de conferência

Essa área do depósito é basicamente o espaço reservado para a conferência física das mercadorias que chegam e das que estão sendo expedidas. É essencial a delimitação dessa área para que não se misturem mercadorias já conferidas com aquelas ainda a serem conferidas. Algumas empresas, por uma questão de espaço, também utilizam essa área para a expedição, daí toda a atenção para não confundir as operações de entrada e de saída. Uma solução encontrada nesses casos é a utilização de uma parte do expediente de trabalho para recebimento e da outra parte para expedição.

Exemplos de como as empresas podem operar utilizando a mesma doca são:

- recebimentos das 6h às 13h e expedição das 14h às 21h;
- recebimentos de segunda-feira a quarta-feira e expedição de quinta-feira a sábado;
- recebimento das 8h às 18h e expedição das 19h às 5h do dia seguinte.

Empresas de maior porte podem dispor de docas para recebimento distintas das docas para expedição. Não existe uma fórmula, e cada empresa deve adotar a estratégia mais adequada com o que tem disponível.

Outro ponto importante é a definição de normas de conduta para os funcionários que participam da conferência, seja para evitar distrações, seja quanto à circulação de funcionários alheios ao processo de conferência. Erros ocorridos no ato de carregamento e descarregamento de mercadorias do caminhão, no manuseio da carga e na própria conferência são creditados à empresa, e não ao transportador ou fornecedor.

3.1.1.3 *Crossdocking*

Crossdocking é o sistema no qual há a conferência e o recebimento das mercadorias pedidas, mas o referido volume do estoque não integra ao saldo existente da empresa. Ou seja, após a mercadoria ser recebida, ela aguarda para ser expedida imediatamente. A justificativa dessa modalidade, segundo Pires (2007, p. 244), é que "essa prática visa evitar armazenagens desnecessárias (que representam grandes fontes de desperdício) em centros de distribuição ou em locais que trabalham como tal".

A Figura 3.3 evidencia as etapas num sistema tradicional de armazenagem e outro no modelo de *crossdocking*.

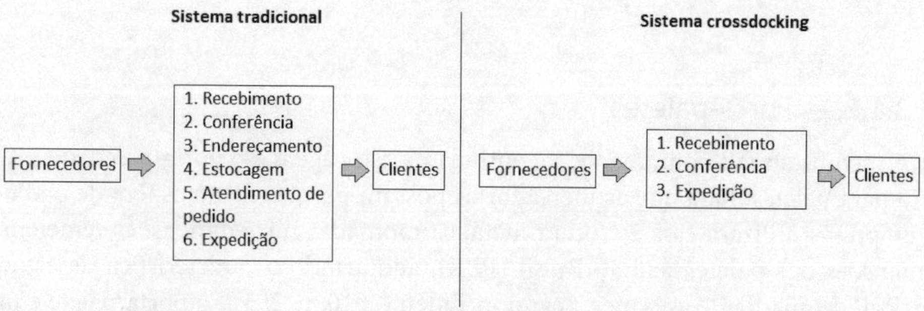

Figura 3.3. Sistema tradicional de estocagem *versus crossdocking*.

Na Figura 3.3, fica claro que, ao utilizar o sistema tradicional (à esquerda), o estoque de mercadoria tem por característica permanecer na guarda da empresa. Já no sistema *crossdocking* (à direita) não há etapa de estocagem. Assim que a mercadoria é recebida, ela é conferida e já é expedida para os clientes ou transferida para outras filiais. A indicação do destino dessas mercadorias (venda, transferência ou devolução) deve estar definida antes de elas chegarem.

Determinar o procedimento adequado para atendimento requer um estudo minucioso dos recursos disponíveis na empresa. Alguns pontos devem ser observados e estudados:

- mapeamento e definição das etapas de todo o processo;
- treinamento e capacitação dos funcionários;
- definição de possíveis prioridades no atendimento;
- definição dos produtos que serão tratados como *crossdocking*;[2]
- análise das estruturas físicas destinadas à execução.

Com isso, o armazém trabalha como um ponto de curto prazo, e não de longo prazo. Nesse modelo de gestão de estoque, o dinamismo e a ordenação são vitais para que esse estoque recebido não permaneça nas dependências da empresa por um tempo superior ao necessário.

3.1.2 ÁREA DE ESTOCAGEM

Essa área constitui a maior parte do depósito. É nela que são guardadas as mercadorias até a expedição. O importante aqui é definir como essas mercadorias serão mantidas. Pozo (2017, p. 74) escreve que "o sistema de estocagem envolve mais do que simplesmente estocar material. Envolve os fatores de necessidade de espaço, estruturas de estocagem, corredores e contenedores".

Os itens a seguir permitem ao leitor dimensionar os componentes existentes nessa área.

3.1.2.1 Porta-paletes

A estrutura mais comumente encontrada na estocagem é o porta-palete ou prateleira para paletes. Para que as mercadorias possam permanecer à espera de pedidos, as empresas utilizam essa estrutura metálica montada, cujas dimensões remetem às dimensões dos paletes padrão Brasil (PBR), adquirindo a característica de estoque vertical[3] de guarda de estoques. Segundo Tadeu (2010, p. 295), "o porta-palete é uma estrutura pesada ou leve na qual as prateleiras são substituídas por um plano de carga, constituído por um par de vigas que se encaixam em colunas, com a possibilidade de regulagem na altura".

A Figura 3.4 ilustra essa estrutura onde são armazenadas, verticalmente, as mercadorias à espera de serem solicitadas pelos clientes e posteriormente remetidas para o setor de expedição.

---

[2] Essa utilização poderá ser temporária ou permanente. Na primeira situação, a mercadoria será manuseada como *crossdocking* durante um tempo e posteriormente passará a ser mantida no estoque. Já na segunda situação, a mercadoria sempre será tratada como *crossdocking*.

[3] É por isso que não se mede o espaço disponível para estocagem considerando apenas a metragem quadrada. Quando se trabalha com estocagem vertical, a metragem a ser analisada é a cúbica.

Figura 3.4. Porta-paletes.

A verticalização é o meio pelo qual as mercadorias são estocadas em porta-paletes, resultando na melhoria do arranjo físico para preencher o maior espaço possível de estocagem. A opção por trabalhar dessa maneira contribui para uma maior facilidade de guarda, movimentação, identificação e gestão desses volumes. A opção por trabalhar com os porta-paletes, segundo Viana (2006, p. 313), "requer estudo exaustivo das cargas a armazenar, níveis de armazenamento, estruturas para armazenagem e meios mecânicos a utilizar".

Mantendo as dimensões do palete, o porta-palete atende a grande parte da demanda de guarda da mercadoria. Os fornecedores, geralmente, enviam as mercadorias paletizadas, viabilizando um cômodo e assertivo meio de transporte e manuseio. A opção de utilizar essa estrutura para estocar não se restringe às empresas de maior porte. Tanto as pequenas quanto as médias empresas utilizam essa estrutura pela ótima facilidade de adequação a qualquer *layout*.

No mercado existe uma infinidade de fornecedores dessas estruturas, e até mesmo sites de leilão nos quais se pode adquiri-las por um preço mais acessível. Além desses benefícios, outras vantagens são:

- simplificação e organização dos processos graças à celeridade na separação e atendimento de pedido;
- resistente aos mais diversos tipos e pesos de mercadorias;
- redução do custo de manutenção;
- as longarinas (barras horizontais) e as vigas (barras verticais) podem ser ajustadas de acordo com as dimensões (largura, comprimento e altura) das mercadorias.

Embora o custo de manutenção seja baixo, é imprescindível a adoção de uma rotina de vistoria visando à segurança dos funcionários, dos maquinários e da própria estrutura. Essa rotina poderá ser definida pela equipe gestora com a participação dos demais funcionários. Constatada alguma avaria, agenda-se com urgência uma visita da equipe técnica para um melhor diagnóstico da situação.[4]

No exemplo da Figura 3.5, cada grupo de porta-paletes tem situações distintas. No exemplo 1, há uma subdivisão para atender a alguma característica específica do produto, como mercadorias que não podem ser empilhadas. No exemplo 2, a coluna foi montada para guardar três paletes lateralmente. O peso das mercadorias sobre as longarinas não compromete toda a estrutura. No exemplo 3, há a alocação de paletes sobre paletes no primeiro andar, o que pode se justificar por um alto giro do estoque ou porque o palete é a unidade mínima a ser comercializada.[5]

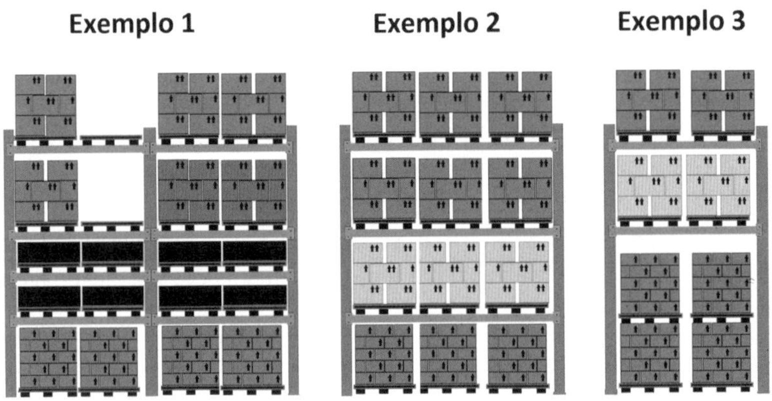

Figura 3.5. Porta-paletes com colunas distintas.

Essa característica de adequação proporcionada pelo porta-palete permite ao gestor de estoque o poder de guarda de praticamente qualquer mercadoria, com as mais variadas dimensões, utilizando os mais diversos *layouts* montados nos depósitos.

Entre as desvantagens apresentadas pelo porta-palete está a necessidade de corredores para acesso a mercadorias e, a depender da altura do armazém, a necessidade de aquisição de empilhadeiras.

Mas como se define que tipo de porta-palete a empresa deve adquirir?

---

4 Algumas empresas têm o excelente reforço que é a Comissão Interna de Prevenção de Acidentes (Cipa). A equipe poderá propor um calendário de vistoria para identificar anomalias estruturais e elaborar um plano de ação para atenda a essa demanda, além de capacitar os funcionários para identificar possíveis situações que possam provocar acidentes.

5 Sobre unitização, ver item 3.3.1, "Unitização".

Para a determinação de qual estrutura utilizar, é imprescindível a definição prévia de quais tipos de mercadorias e produtos a empresa vai comercializar, visto que é em função dessas características que se define qual arcabouço de porta-palete será utilizado.

Para definir a quantidade de paletes por coluna, o gestor deve considerar alguns pontos importantes:

- tipo de embalagem;
- volume da embalagem;
- dimensão da embalagem;
- peso das mercadorias;
- frequência de movimentação;
- características organolépticas.

Levando em consideração os pontos apresentados, a escolha do porta-palete poderá ter como resultado as seguintes estruturas exploradas a seguir.

3.1.2.1.1 Porta-palete simples

Essa estrutura comporta um palete de profundidade, ou seja, o mesmo palete é acessível pelos dois corredores que se intercalam com a estrutura. É mais utilizada junto à parede do galpão para otimizar espaços de estocagem, mas pode ser instalada em galpões de menor espaço físico.

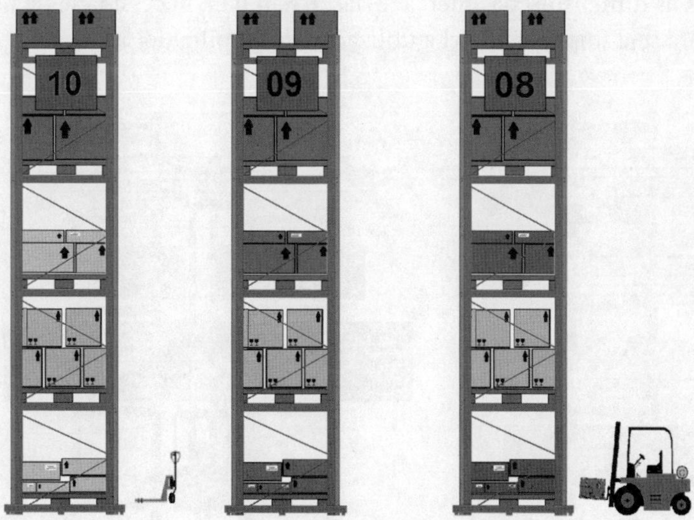

Figura 3.6. Porta-paletes simples.

3.1.2.1.2 Porta-palete duplo

É a estrutura montada comumente encontrada nos grandes armazéns e centros de distribuição. Nesse caso, há dois porta-paletes posicionados paralelamente, o que propicia maior rigidez à própria estrutura. Para ter acesso às mercadorias, o operador apenas deverá utilizar os corredores ou ruas para cada frente da estrutura, já que, diferentemente do porta-paletes simples, não será possível o acesso por ambos os lados.

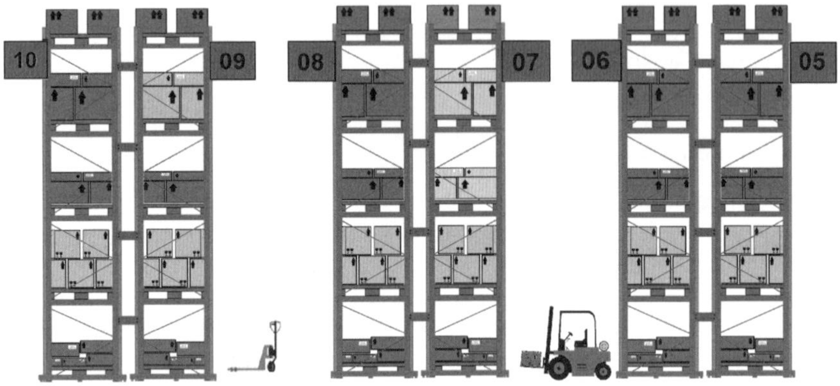

Figura 3.7. Porta-paletes duplo.

3.1.2.1.3 Cantilever

Estrutura utilizada para a guarda de mercadorias em que se utilizam braços para suporte de mercadorias de grandes dimensões, como tábuas, canos, tubos e barras em geral.

Além disso, essa estrutura pode ser montada com alturas e comprimentos variados, adequando-as às dimensões das mercadorias, e não há a necessidade de utilização de paletes, embora seja imprescindível a utilização de empilhadeira.

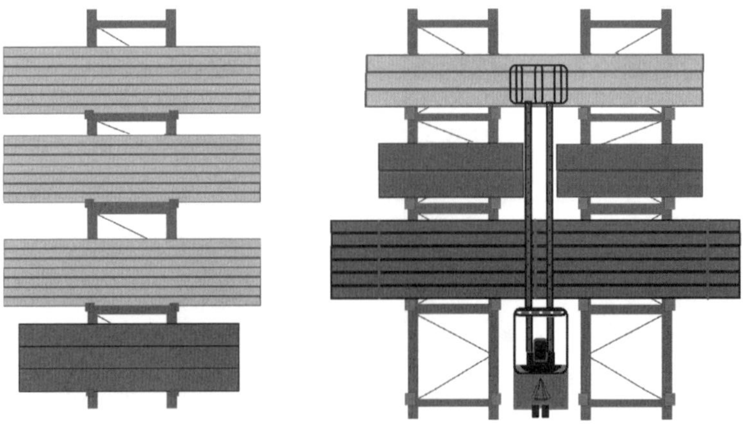

Figura 3.8. Cantilever.

3.1.2.1.4 Drive-in *e* drive-through

Nessa estrutura não existem corredores, e os porta-paletes são posicionados um ao lado do outro por todo o armazém. É comum em empresas cujos produtos possuem dimensões semelhantes. O caminho para a guarda e retirada das mercadorias é pela própria estrutura.

Figura 3.9. *Drive-in* e *drive-through* – vista frontal.

A Figura 3.9 ilustra, frontalmente, o mecanismo de abastecimento tanto do *drive-in* quanto do *drive-through*. A empilhadeira que a empresa deverá utilizar tem diâmetro menor que a largura da estrutura.

Outro cuidado é a identificação da validade e o correto posicionamento dos paletes de mercadorias para que não ocorram vencimentos. Salienta Salgado (2013, p. 68) que "os paletes devem ser armazenados primeiramente nos andares superiores até serem completados em direção aos andares inferiores". Esse apontamento do autor reforça a condição de utilização da própria estrutura para acessar os estoques. Além disso, não poderá haver produtos diferentes nas fileiras.

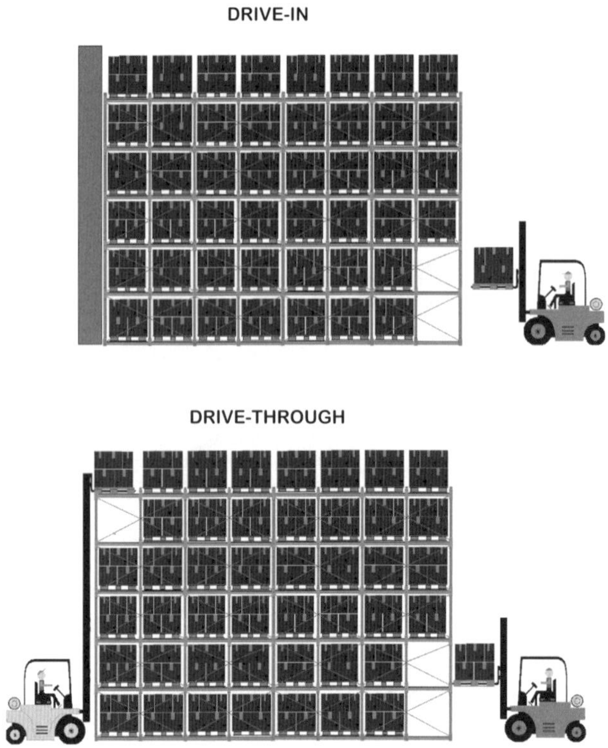

Figura 3.10. Estrutura *drive-in* e *drive-through* – visão lateral.

Na Figura 3.10, a primeira estrutura ilustra o conjunto de porta-paletes *drive-in*, em que o acesso aos paletes de mercadorias para guarda e para retirada ocorre em apenas um dos lados. Já a segunda estrutura exemplifica o *drive-through*, em que o operador de empilhadeira pode ter acesso em ambos os lados.

A grande vantagem desse sistema é o aproveitamento de espaço. Como não há corredores entre os porta-paletes, simples ou duplos, a empresa chega a utilizar o máximo dos espaços disponíveis no depósito, antes reservados para os corredores.

A adoção de um ou de outro sistema deve ser estudada com rigor. Algumas desvantagens dessa estrutura são: impossibilidade de regulação das longarinas; exigência de que as mercadorias estejam sempre em paletes. Caso a empresa trabalhe com mercadorias fracionadas, deve-se utilizar outra estrutura, como os porta-paletes simples ou duplos.

3.1.2.1.5 Rackflow *de paletes*

Esse sistema é semelhante ao *drive-through*. Nele, o operador utiliza um lado da estrutura para colocar o palete com mercadorias, e, pela força da gravidade, este se desloca até a parte da frente, por onde é retirado.

Na Figura 3.11 é perceptível o desnível que a estrutura apresenta. O operador abastece a estrutura com paletes pela esquerda, e estes forçam o deslocamento dos demais paletes para serem retirados pela direita.

Figura 3.11. *Rackflow* de paletes.

Na Figura 3.12, a imagem da esquerda evidencia a retirada de um palete no último andar da estrutura. Percebe-se que todos os demais paletes se deslocam para a parte frontal em função da gravidade exercida sobre os paletes. Na imagem da direita ocorre o abastecimento de um palete justamente no espaço gerado após a retirada para atendimento de pedido.

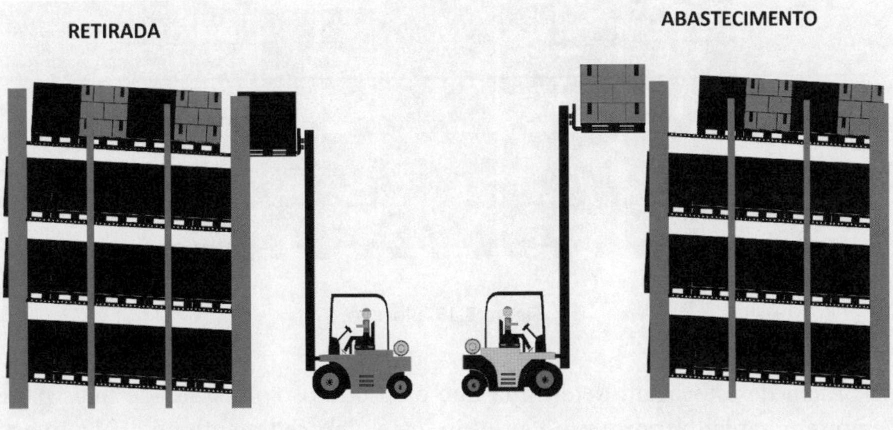

Figura 3.12. *Rackflow* de paletes – retirada e abastecimento.

A grande vantagem dessa estrutura é a possibilidade de que a mercadoria com vencimento próximo fique na parte da frente, visto que, ao receber um novo pedido, ele é colocado sempre por último na estrutura. Esse critério é conhecido como PVPS (primeiro que vence, primeiro que sai).

Uma desvantagem é que, para alcançar qualquer mercadoria, o acesso apenas ocorrerá por meio da retirada do palete mais próximo, e sempre utilizando a empilhadeira.

3.1.2.2 Blocado

Outra parte da estrutura de estocagem utilizada para guarda é comumente chamada de área de blocado. Chiavenato (2005, p. 128) emprega o termo "empilhamento".

Nessa área não são utilizadas prateleiras, mas sim os próprios paletes servem de base para outros com as mesmas mercadorias. Nesse contexto, os paletes são empilhados até certa altura que não comprometa a estrutura física das mercadorias. Por exemplo, é comum empilhar mercadorias como cereais, que são comercializadas em sacarias, enlatados, isopor, madeiras, entre outros.

Para definir a altura máxima do blocado, é aconselhável pesquisar junto ao fornecedor qual o limite que a mercadoria suporta sem sofrer danos. Produtos nesse local são movimentados, exclusivamente em paletes por meio de empilhadeiras, seja em função do volume, seja pela rápida saída.

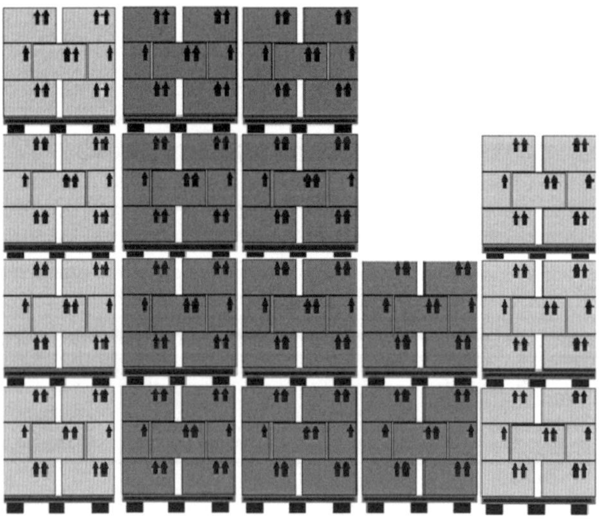

Figura 3.13. Blocado.

A ordem de estocagem determina que os produtos com validade mais próxima deverão ser guardados por último, utilizando-se o procedimento no qual a mercadoria que vence primeiro deverá ser a primeira a sair. Além desse cuidado, é preciso que não haja mercadorias diferentes no mesmo corredor, a menos que seja considerada a possibilidade de existir corredores entre as fileiras.

A seguir serão apresentadas outras formas de estruturar uma área de blocado. Utilizando uma planta baixa, é perceptível a existência de diferentes tipos de blocados.

3.1.2.2.1 Blocado sem corredores

No sistema de blocado tradicional, a retirada ou colocação de mercadorias neste formado de armazenagem apenas poderá ser feita pela frente da fileira. Não poderá haver, em hipótese nenhuma, mercadorias diferentes.

Outro cuidado é com a validade dos produtos, que deve ser checada à medida que o blocado é montado. Uma dica é identificar os produtos com validades iguais na mesma fileira e orientar o separador a priorizar as fileiras com validades mais próximas, deixando as mercadorias com validade mais duradoura para um momento futuro.

Figura 3.14. Blocado sem corredores.

3.1.2.2.2 Blocado com corredores

A cada grupo de duas fileiras haverá um corredor ou rua, que deverá contar com espaço suficiente para a manobra de equipamentos, maquinários e funcionários. Como nessas circunstâncias há a possibilidade de alcançar as mercadorias pelos corredores, poderão existir pilhas de mercadorias diferentes daquelas do começo da fileira.

No blocado da Figura 3.15, por exemplo, existem as mercadorias A, B e C. A mercadoria A se encontra apenas nas duas fileiras à esquerda; a mercadoria B, nas fileiras do centro e nas últimas colunas da direita; e a mercadoria C, nas duas primeiras colunas à frente da mercadoria B. Por existirem corredores, todas as três mercadorias do estoque na área de blocado podem ser acessadas.

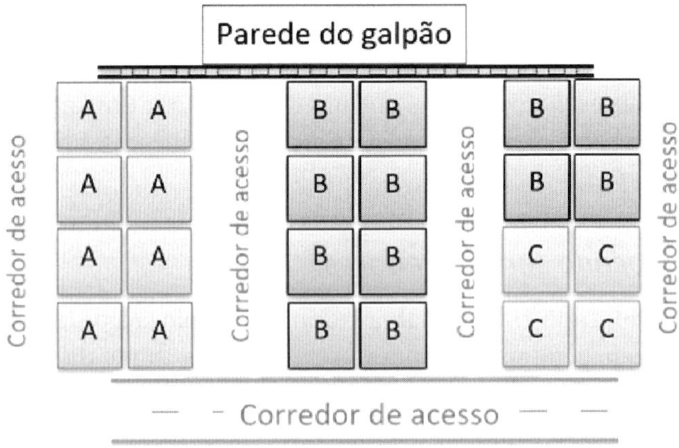

Figura 3.15. Blocado com corredores.

3.1.2.2.3 Blocados 45º

Outra opção de estocagem é a utilização do blocado posicionando os paletes a 45° em relação à parede, seguindo em direção ao corredor. A principal vantagem dessa disposição do blocado é maximizar a largura do corredor à frente da estrutura. Pode ser utilizado caso não haja uniformidade da parede do galpão.

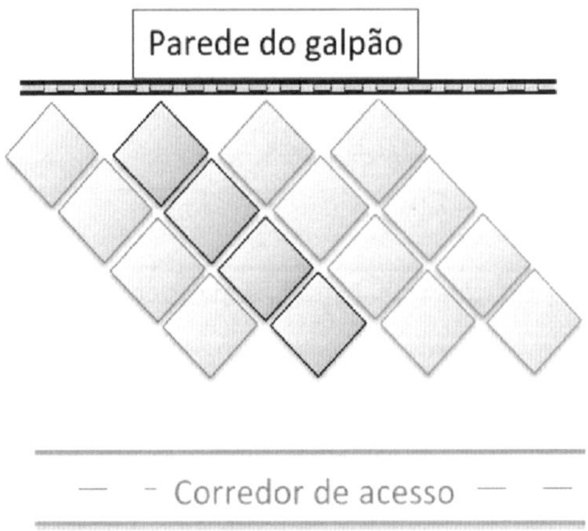

Figura 3.16. Blocado em 45°.

Aumentar a largura do corredor pode ser a única vantagem dessa modalidade. Em um armazém em que o espaço deve ser bem aproveitado, a opção por guardar as mercadorias em blocado de 45° não vale a pena. A área necessária para guardar quatro fileiras contendo quatro colunas de mercadorias no sistema tradicional de blocado é consideravelmente inferior à opção do blocado em 45°.

A Figura 3.17 ilustra a diferença entre a área ocupada no modelo tradicional em comparação com o modelo de 45°.

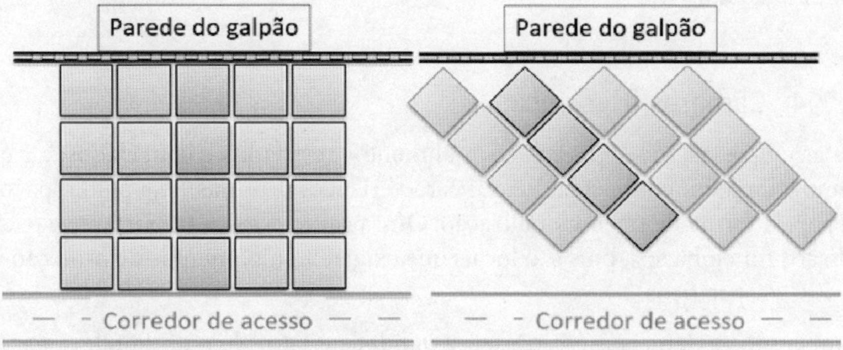

Figura 3.17. Comparação entre blocado tradicional e blocado 45º.

Em resumo, para a utilização do blocado, alguns cuidados devem ser levados em conta:

- cuidado com produtos misturados na coluna;
- primeiro que vence, primeiro que sai (PVPS). Há o costume de anotar a validade em uma folha A4 ou em uma etiqueta e fixar num local visível do palete;
- movimentação basicamente por meio da empilhadeira;
- mercadorias não têm fileira fixa.

Não é aconselhável manter, simultaneamente, mercadorias iguais estocadas tanto em blocados quanto em porta-paletes.

3.1.2.3 Produtos com alto risco de furto (PARF)

Alguns tipos de produtos são, infelizmente, visados por serem mais propensos a furto, inclusive por funcionários. Para que a empresa se resguarde, aconselha-se utilizar uma área reservada para estocar esses produtos. Alguns cuidados a se tomar são:

- destinar para esses produtos um local fisicamente restrito;
- limitar o acesso a funcionários responsáveis;
- definir horários para acesso;
- utilizar lacres, braçadeiras ou etiquetas com sensores nos produtos;
- monitoramento.[6]

[6] Circuito fechado de TV (CFTV) e/ou radiofrequência (RF).

Uma dica importante é a criação de uma rotina diária de conferência física dessas mercadorias, a qual deve ser confrontada com o saldo no sistema, semelhante a um inventário, mas sem atualização. Caso ocorra alguma divergência, é necessário o rastreamento imediato.

3.1.2.4 Câmaras frigoríficas

Para as empresas que comercializam alimentos resfriados e congelados, a câmara fria, como é também conhecida, possui características próprias, seja pelo espaço restrito, seja pela forma de operacionalização. Outra característica importante é o acesso limitado aos funcionários, pois são locais que exigem equipamentos de proteção individual (EPI)[7] específicos.

Assim como as demais mercadorias, a validade é fator de grande relevância, mas não o único. As condições necessárias para conservar a temperatura adequada devem ser mantidas, inclusive durante o transporte até a área de vendas.

A manutenção da refrigeração é feita por equipe especializada, e geralmente é o fornecedor quem presta essa assistência. Por isso, é fundamental observar e acompanhar os indicadores de temperatura, visto que uma leve alteração poderá provocar perdas significativas de mercadorias.

3.1.2.5 Trocas

Este é o local onde são mantidas as mercadorias que não têm condições de serem comercializadas. Algumas situações fazem com que as mercadorias devam ser retiradas de circulação, entre as quais estão:

- avaria;
- validade;
- deterioração. Bowersox *et al.* (2014, p. 250) afirmam que "a forma mais evidente de deterioração é o dano derivado do manuseio descuidado de materiais [...]. O ambiente do depósito deve ser cuidadosamente controlado e medido para proporcionar proteção adequada aos produtos".

Para que o setor de trocas funcione perfeitamente, é vital que haja segregação física entre os itens desse local e as demais mercadorias que estão em condições de comercialização. Outro ponto é destacar uma equipe de funcionários para administrar esse estoque, além de criar um canal de comunicação com os fornecedores, pois não se pode simplesmente descartar mercadorias em qualquer lugar. Geralmente, o fornecedor tem condições apropriadas para esse fim. Essa preocupação se sustenta também

[7] Norma Regulamentadora n. 6 – Equipamento de Proteção Individual.

devido à implantação do Plano Nacional de Resíduos Sólido (PNRS),[8] cujo art. 7º, inciso II, diz que um dos objetivos do plano é não geração, redução, reutilização, reciclagem e tratamento dos resíduos sólidos, bem como disposição final ambientalmente adequada dos rejeitos.

O PNRS propõe um tratamento diferenciado para essas mercadorias, o que significa que a criação desse setor não é mera escolha, e sim uma necessidade legal tendo em vista práticas saudáveis para o meio ambiente. A realização das trocas de mercadorias, segundo Badaró (2018), pode ocorrer de quatro formas diferentes (Quadro 3.1).

Quadro 3.1. Relação de trocas e procedimentos correspondentes

Tipo de troca	Procedimento correto
Troca informal de produtos	Quando o fornecedor de determinado produto troca o produto danificado por outro igual sem que seja realizada a nota de devolução ou de quebra.
Troca de produtos com a nota de devolução	É realizada a substituição do produto que se encontra no estoque de troca por outro semelhante e é emitido um documento fiscal para comprovação da transição, conhecido como nota de devolução.
Troca de produtos por descontos na compra	Alguns fornecedores adotam a rotina de pegar o produto impróprio para consumo e em troca gerar um desconto para o estabelecimento, a ser aplicado no pedido de compra seguinte realizado entre as partes envolvidas.
Produto perdido	Trata-se do produto que não se encontra em condição de troca, por exemplo, uma garrafa que caiu no chão e quebrou. Nesses casos, quando o varejista não conseguir negociar com o fornecedor uma troca de produtos, é preciso que seja emitida a nota fiscal de quebra para justificar a baixa do estoque, tanto gerencial como fiscal.

Fonte: Adaptado de Badaró, 2018.

A disposição de como esse setor é organizado pode variar em função do agrupamento de mercadorias ou fornecedores

A escolha da separação por mercadorias semelhantes tem como fundamento aproveitar as mesmas condições, como manuseio, temperatura, prateleira etc., mas tem como pontos negativos o subaproveitamento do respectivo espaço quando não houver mercadorias semelhantes, além da possibilidade de que seja necessário um grande deslocamento pela área para acionar todos os produtos de um mesmo fornecedor com um grande número de produtos no mix.

---

8 Lei n. 12.305, de 2 de agosto de 2010.

Já a escolha pela separação por fornecedores possibilita maior agilidade na identificação dos produtos, já que o responsável pelo recolhimento irá realizá-lo sem o risco de ter mercadorias de outros fornecedores misturadas. O ponto negativo é a colocação no mesmo local de mercadorias que necessitam de condições distintas, como embalagens próprias e temperatura adequada. A definição para separação dos produtos, seja por itens semelhantes ou por fornecedores, implica a montagem de um *layout* adequado para cada uma das situações.

Imagine, por exemplo, que a empresa tenha três produtos impróprios para comercialização (retângulo vertical, retângulo horizontal e círculo) de três fornecedores diferentes (A, B e C), conforme a Figura 3.18.

Figura 3.18. Agrupamento das trocas por mercadorias e por fornecedores.

A Figura 3.18 evidencia as duas situações: quando as mercadorias impróprias para consumo estão separadas por tipo de produto (à esquerda) e quando estão separadas por fornecedores (à direita).

Na separação por produtos, cada grupo de produtos ocupa prateleiras distintas, 1, 2 e 3. É evidente que, na separação por produtos semelhantes, a identificação de produtos com outras características se destacaria, mas para atender a um fornecedor distinto há um maior deslocamento no depósito.

Agora, ao separar as mercadorias por fornecedores, a agilidade em se recolher todos os produtos rapidamente é nítida. Como o fornecedor tem datas específicas para a retirada dos estoques que voltam para a fábrica para posteriormente serem descartados, a organização é primordial.

Apesar da apresentação desses dois modos de separação, não há nada que impeça a empresa de adotar um modelo híbrido, de acordo com a necessidade existente em cada empresa, em função de:

- espaço físico;
- característica de produtos;
- frequência de separação de mercadorias viciadas das que estão em bom estado de consumo;
- frequência em que o fornecedor visita a empresa para retirada desses itens.

Além disso, é obrigatório baixar do saldo de estoque as mercadorias quando da devolução ou descarte,[9] por meio de nota fiscal, pois, sem esta, a mercadoria continuaria no estoque da empresa. Apesar de as mercadorias estarem impróprias para o consumo, elas ainda pertencem ao patrimônio da empresa, e isso tem impactos contábeis, fiscais e financeiros. Por isso, deverão ser contadas para fins de inventário.

Se o gestor começa a perceber que o volume de trocas está aumentando, é sinal de que alguns processos não estão sendo realizados corretamente.

Alguns softwares permitem a criação de uma área no sistema para mercadorias nessas condições. Quando a mercadoria entra para as trocas, é necessário realizar a transferência também do estoque no sistema de revenda para o estoque de trocas. O Quadro 3.2 mostra um modelo de relatório de estoque com a distinção entre estoques de mercadorias em trocas e para comercialização.

Quadro 3.2. Relatório de estoque

EMPRESA XYZ LTDA.

RELATÓRIO DE ESTOQUE

Produto	EAN	Embarque	Qtde.	Trocas (unid.)
Arroz parboilizado 5 kg	789...	CX/12	060	
Barra cereais 100 g	789...	FD/30	027	3
Óleo de soja 900 mL	789...	CX/12	180	3
Achocolatado em pó 500 g	789...	CX/12	017	
Sal refinado 1 kg	789...	FD/30	160	1
Achocolatado líquido 200 mL	789...	CX/27	100	18

Esse relatório evidencia a distinção entre os saldos de estoque para comercialização e os que estão no setor de trocas. Algumas atividades devem ser definidas para trabalhar a inclusão ou retirada do item no setor de trocas, como:

- lançamento de inclusão do estoque no setor de trocas;
- faturamento de nota fiscal de devolução e/ou baixa – deve-se considerar o saldo de estoque de trocas setor) para zerá-lo, se for o caso, e posteriormente utilizar o saldo de estoque de mercadorias para comercialização;

[9] Atenção quanto ao códigos fiscais de operação (CFOP) para essas duas operações, pois, em caso de descarte, a mercadoria será eliminada por completo, em caso de devolução, a mercadoria voltará para o fornecedor. São situações distintas, mas ambas acarretam a baixa do estoque no ato do faturamento da nota fiscal de saída.

- o inventário deve considerar ambos os estoques;
- na atividade de compras, deve-se atentar para possíveis mercadorias para serem trocadas antes da aquisição de mercadorias sem vícios.

Esses e outros procedimentos devem ser definidos e executados visando a um cenário administrável e que ofereça ferramentas assertivas para a tomada de decisão.

3.1.2.6 Uso e consumo

As mercadorias que são adquiridas para serem consumidas durante o expediente, como produtos de escritório, uniformes, higiene e limpeza, devem ser guardadas em uma área distinta das mercadorias para comercialização. O procedimento de estocagem dos itens desse setor é semelhante ao das mercadorias para comercialização, mas nesse caso são os clientes internos quem irão consumi-las.

Desse modo, a gestão deste estoque também passa pela definição de critérios facilitadores, como segregação de tipo, frequência de requisição e departamentos. Além disso, a definição de políticas de atendimento do pedido dos departamentos quanto ao processo de compra junto aos fornecedores específicos carece de estratégias definidas. A seguir serão apresentadas algumas definições sobre compra e atendimento de pedido.

Para procedimento de compra junto aos fornecedores:

- definição de produtos similares;
- definição de orçamento anual;
- solicitação de compra de itens que não fazem parte do mix, mas que devem ser acrescentados.

Para atendimento de pedido dos departamentos:

- documento próprio para requisição;
- data e horário para recebimento dos pedidos dos departamentos;
- data e horário para separação dos pedidos dos departamentos;
- limite máximo de unidades ou valor para requisição;
- situações excepcionais de atendimento;
- definição de um funcionário de cada departamento para requerer;
- informar datas de inventários periódicos e permanentes.

Essas observações corroboram a importância de adoção de uma política de uso e consumo distinta da política de mercadorias para revenda.

3.1.2.7 Área de movimentação

As áreas de movimentação são espaços reservados para que haja o fluxo seguro de equipamentos, cargas e funcionários. Essa área compreende basicamente todo o armazém, com exceção das áreas de conferência (recebimento e expedição). A proposta de uma boa administração de materiais significa, para Ballou (2012, p. 61), "coordenar a movimentação de suprimentos com a exigência de operação [...], prover o material certo, no local de operação certo, no instante correto".

O objetivo é facilitar a entrada, a guarda e a saída das mercadorias, e uma ação necessária é implantar uma sinalização visual por onde se movimentam máquinas e transitam funcionários, a fim de evitar acidentes. O Quadro 3.3 apresenta a importância da sinalização dessas áreas.

Quadro 3.3. Importância da demarcação de áreas

Orientar as pessoas sobre os locais que são ou serão destinados para armazenagem.
Orientar as pessoas e veículos sobre os locais de circulação segura – caso seu depósito utilize demarcação.
Identificar facilmente, e por qualquer pessoa, as áreas utilizadas para armazenamento de produtos que exijam cuidados especiais.
Avaliar a necessidade de redimensionamento das áreas quando houver necessidade de expandir ou reduzir os espaços utilizados, aproveitando-os para outros fins ou até mesmo para ampliar a armazenagem de outros produtos.

Fonte: Adaptado de Moura, 2004, p. 219.

Seja a demarcação no chão ou orientação suspensa, a adoção desses mecanismos não apenas atende à melhor prática de gestão de estoques, mas ratifica a implantação correta da Norma Regulamentadora n. 26 – Sinalização de Segurança, que dá direcionamentos sobre riscos e incidentes no local.

3.1.2.8 Área administrativa

A área administrativa contempla os departamentos que suportam as operações de entrada, movimentação e saída de mercadorias, além das demais rotinas da empresa. Os departamentos podem ser contabilidade, financeiro, fiscal, marketing, comercial, entre outros, de acordo com o organograma da empresa.

É perceptível a importância de todos os departamentos da empresa para torná-la funcional, pois cada um tem sua contribuição nas rotinas de armazenagem. A contabilidade, por exemplo, evidencia a mudança patrimonial da empresa com a entrada e saída de mercadorias; o departamento financeiro providencia o pagamento dos fornecedores; o departamento fiscal apura os impostos; o departamento de marketing se encarrega de criar campanhas para que o estoque seja vendido; o departamento comercial efetua a compra.

3.2 PROCESSO DE MOVIMENTAÇÃO

O processo de movimentação em um armazém é o conjunto de ações que permeiam as atividades desde o recebimento até a expedição por meio da utilização de recursos como procedimentos, mão de obra e maquinários. Para Ballou (2012, p. 172), "significa transportar pequenas quantidades de bens por distâncias relativamente pequenas [...]. Como a atividade de manuseio deve ser repetida muitas vezes, pequenas ineficiências em qualquer viagem podem acarretar grandes deseconomias".

Uma observação aqui é a distinção dos conceitos de transporte e manuseio. Como observam Brito Júnior e Spejorim (2012, p. 173), "manuseio é o processo que engloba as atividades de carga e descarga de produtos, [...] são atividades iniciais e finais. Já transporte é a ação que ocorre entre as atividades de carga e descarga".

Assim, fica evidente que há uma preocupação em pormenorizar as ações na movimentação de mercadorias em cada etapa da permanência nos setores. Esse fato proporciona a criação de rotinas operacionais e a capacitação de mão de obra para cada um dos setores dentro de um depósito. A escolha desses procedimentos concernentes às boas práticas logísticas provoca uma maior assertividade nas operações internas.

3.2.1 PRINCIPAIS MAQUINÁRIOS UTILIZADOS PARA MOVIMENTAÇÃO DE MERCADORIAS

Para fortalecer as ações internas, a empresa deve dispor de meios para que o funcionário consiga desempenhar com rapidez, objetividade e segurança as mais diversas rotinas existentes nos armazéns. O gestor de estoque deve escolher criteriosamente os equipamentos que mais contribuirão para as rotinas da empresa. Além disso, esse entendimento vai ao encontro da segregação dos equipamentos recomendada por Ballou (2006, p. 389), que afirma que "é enorme a variedade de equipamentos mecânicos para carga e descarga, separação de pedidos e movimentação das mercadorias no armazém. O equipamento de movimentação é diferenciado pelo seu grau de uso especializado e pela extensão da forma manual necessária para operá-lo. Existem três categorias abrangentes e bem caracterizadas de tais equipamentos: manual, misto (com auxílio de energia) e totalmente mecanizado".

Outro ponto relevante é a definição de processos que possam suprir eventuais faltas de recursos, tecnologias e mão de obra. Sobre esse ponto, Oliveira (2013, p. 168) diz "que a administração de processos é um ato de inteligência, pois corresponde a fazer muito mais, em termos de resultados, com muito menos, em termos de recursos. Ela refere-se à inovação, que é o processo de aplicar a criatividade, mas sempre voltada para resultados efetivos".

Ou seja, apesar da gama de recursos disponíveis no mercado, as empresas deverão limitar-se à utilização (e aquisição) daqueles que se encaixam na realidade operacional, financeira e econômica da organização. A seguir serão apresentados alguns desses recursos, utilizados no dia a dia para que a rotina da empresa tenha êxito.

3.2.1.1 Carrinhos

Esse equipamento é o mais simples e pode até ser subestimado, mas sua eficácia e eficiência fazem com que seja utilizado em todo tipo e porte de empresas. Suas principais vantagens são: capacidade de alcançar e transitar em locais aos quais outros equipamentos não têm acesso, preço de aquisição acessível, fácil manuseio e manutenção. Algumas das desvantagens são: necessidade de força humana para utilização e limite de peso e carga.

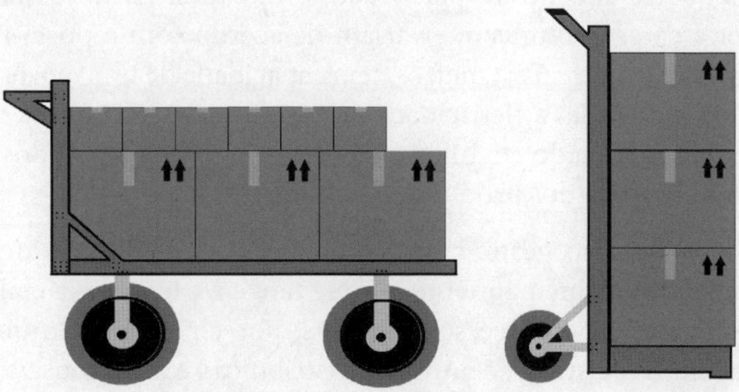

Figura 3.19. Carrinho.

Na rotina de um depósito, algumas tarefas necessitam de pouco esforço para serem realizadas. A utilização desse equipamento prevalecerá em detrimento de outros, pois o benefício trazido pela simplicidade dos carrinhos supera o gasto com sua aquisição, manutenção e funcionamento.

3.2.1.2 Paleteiras

Esse equipamento impulsiona um dinamismo operacional dentro de um depósito por meio da movimentação e transporte de mercadorias. Mais eficiente que os carrinhos, as paleteiras apresentam as seguintes vantagens: capacidade de carga de mercadorias superior à dos carrinhos (alguns modelos conseguem carregar em torno de 3 toneladas); transporte de mercadorias unitizadas em paletes; baixa força braçal para movimentação; fácil treinamento; além de uma grande variedade de empresas que fornecem esse equipamento. Algumas desvantagens são: lenta circulação; não elevam mercadorias para serem guardadas em porta-paletes; dependem de um piso uniforme em todo o depósito; manutenção realizada apenas por empresas especializadas.

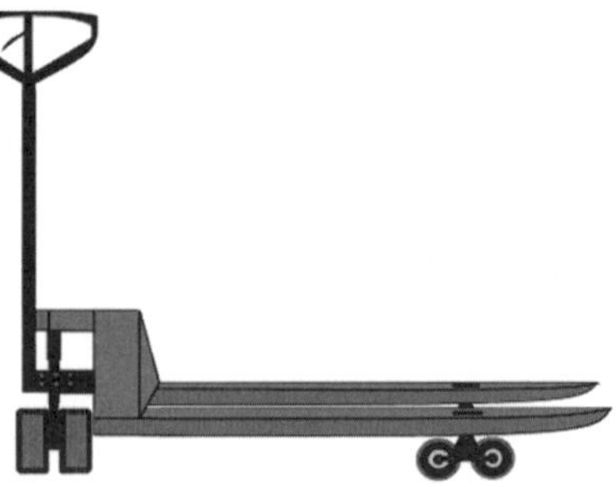

Figura 3.20. Paleteira.

3.2.1.3 Empilhadeiras

Facilmente encontrada nos depósitos, a empilhadeira é utilizada na movimentação de mercadorias que se encontram paletizadas e filmadas. Além disso, ela oferece a opção de erguer a carga a alturas que variam de acordo com o porta-palete. Alguns modelos podem erguer entre 6 e 8 metros, têm capacidade de transporte entre 2 e 5 toneladas e podem ser movidas a eletricidade ou a combustão. A empresa deve analisar e identificar o modelo adequado em função das dimensões do galpão, dos porta-paletes e também da característica dos produtos.

Este veículo permite ao gestor uma abrangência de utilização desde o recebimento até a expedição, principalmente no que tange à capacidade e alcance. A empilhadeira revolucionou os processos internos, por ter permitido que os grandes depósitos, como *hubs* logísticos, centros de distribuição e armazéns, verticalizassem a guarda de seus estoques.

Figura 3.21. Empilhadeira.

Algumas outras vantagens da empilhadeira são: rapidez, potencialização, eficiência do processo de movimentação, além de segurança e precisão dos comandos. Entre as desvantagens estão o preço, a necessidade de pisos uniformes, restrição em corredores mais estreitos e manutenção apenas pela fornecedora.

Caso o depósito considere o preço como fator principal na aquisição desse equipamento, existe no mercado a opção de aluguel que pode ser contratado por horas, semanas ou meses.

Um ponto não menos importante é que o profissional que irá operar a empilhadeira deverá ser certificado por uma empresa especializada, além de utilizar os EPI obrigatórios.

3.2.1.4 Esteiras rolantes

Visando a uma maior eficiência e celeridade no processo de armazenagem de mercadorias, as empresas passaram a buscar meios para que isso ocorra. Uma solução foi a adoção de esteiras rolantes, equipamento que auxilia o transporte e circulação de mercadorias dentro dos depósitos. Um ponto relevante das esteiras rolantes é o alcance: como são particionadas, a montagem consegue contornar barreiras e obstáculos como quinas, elevações e passagens estreitas, atingindo praticamente todos os pontos do local.

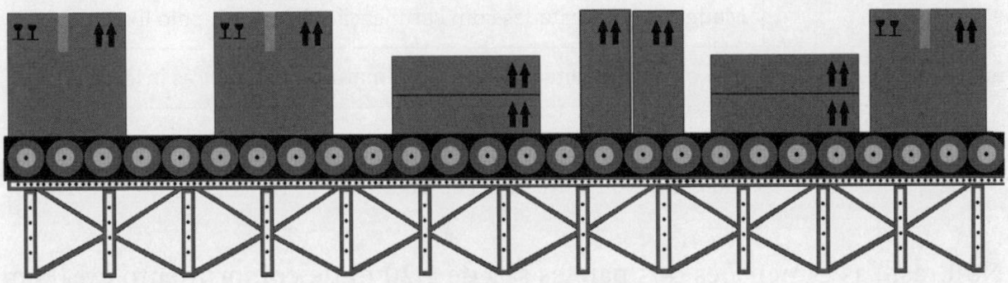

Figura 3.22. Esteira rolante.

Além dessas vantagens, as esteiras maximizam o volume de mercadorias em comparação com as paleteiras e empilhadeiras. A movimentação pode ser feita com cargas fracionadas ou paletizadas. Algumas das desvantagens são: o valor de aquisição, a manutenção e o desemprego, visto que há substituição da mão de obra em atividades antes realizadas pelos colaboradores. Já diziam Bowersox e Closs (2007, p. 348) que a "oportunidade de reduzir a intensidade da mão de obra, e aumentar sua produtividade, reside nas novas tecnologias de manuseio que estão emergindo atualmente".

3.3 PALETES

Talvez o elemento mais simples, mas de importância incomparável no dia a dia, utilizado nos depósitos sejam os paletes, estrados de madeira que auxiliam no movimento, transporte e estocagem de mercadorias praticamente em toda a cadeia de abastecimento. Inicialmente, é o mais recomendável para auxílio do transporte, mas alguns outros meios são usados em tipos de mercadorias diferentes, como barris, caixotes, gaiolas, sacarias, dentre outros, embora o palete seja o mais utilizado.

Acrescenta Dias (2012, p. 53) que, "inicialmente, os paletes eram empregados na manipulação interna em armazéns e depósito, mas hoje acompanham a carga da linha de produção à estocagem, ao embarque, à distribuição e até ao cliente final. Para facilitar a utilização dos paletes, vários países padronizaram suas medidas, permitindo, assim, que estes viajassem em caminhões, vagões ferroviários e embarcações marítimas em contêineres".

Quadro 3.4. Motivos para padronização dos paletes

Motivo	Explicação
Qualidade assegurada	Por meio do projeto estrutural ensaiado no laboratório do Instituto de Pesquisas Tecnológicas (IPT). Paletes produzidos por fabricantes certificados e auditados.
Durabilidade	Uso das madeiras e pregos corretos, conforme especificação técnica.
Segurança	Paletes não certificados, com baixa qualidade, oferecem alto risco de acidentes, especialmente nas áreas de vendas e nos atacarejos.
Meio ambiente	Madeiras reflorestadas com certificação de origem pelo Ibama.
Prevenção de perdas	O uso correto evita o descarte prematuro de madeiras inservíveis.

Fonte: Adaptado de Haas Madeiras e a Comissão Nacional sobre o novo PBR (Palete Padrão Brasil), 2019.

No Brasil, as dimensões dos paletes são de 1,20 m de comprimento e 1,00 m de largura: é o chamado de PBR, palete padrão brasileiro. Existem normas técnicas em relação a essas dimensões, apresentadas pela Associação Brasileira de Supermercados (Abras).

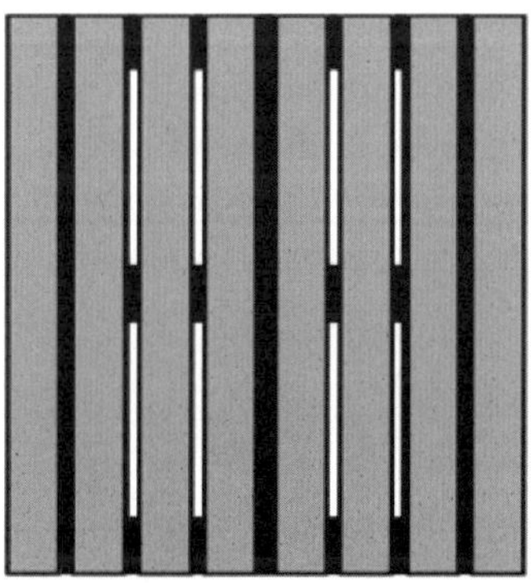

Figura 3.23. Palete.

Quanto aos materiais utilizados na fabricação dos paletes, os mais comumente encontrados são:[10]

- madeira: é utilizada maciçamente no transporte de cargas;
- Polietileno de vinila ou PVC: é utilizado em mercadorias resfriadas e congeladas;
- metal: que é utilizado quando os paletes de madeira e/ou de PVC não atendem o peso suportado.

3.3.1 UNITIZAÇÃO

Como afirmamos anteriormente, a grande vantagem de utilizar os paletes de dimensões definidas, resulta em uma uniformização do transporte de mercadorias. Por isso, a definição de qual quantidade mínima as empresas irão comercializar requer planejamento e execução compartilhados.

Unitizar a carga consiste em agrupar em dimensões padronizadas (1,20 m de comprimento por 1,00 m de largura) os mais diversos tipos de mercadorias, para movimentação, transporte e estocagem. Fazendo uma analogia, trata-se de utilizar o palete como um denominador comum para todos os produtos comercializados. Arnold (2008, p. 400) defende "a consolidação de várias unidades em unidades grandes, chamadas de cargas unitárias, a fim de que haja menos manuseio [...], assim, justifica o autor que é mais econômico transportar o produto em caixas do que individualmente". Acrescentam Bowersox e Closs (2007, p. 369) que "os termos *conteinerização* e *paletização* comportam todas as formas de unitização. Sobre as vantagens da unitização, os autores apontam: aumento geral da eficiência da movimentação de materiais; redução de avarias durante o manuseio e em trânsito; redução de ocorrências de furto; redução dos requisitos de proteção proporcionados pelas embalagens; maior proteção contra fatores ambientais; unidade de transporte reutilizável que reduz desperdícios e a necessidade de descarte do contêiner".

É evidente o ganho operacional e financeiro ao utilizar o processo de unitização de cargas. Para obter esse ganho, entretanto, é necessário que as empresas mantenham esse mecanismo por todo o fluxo de movimentação na cadeia de suprimento.

3.4 ENDEREÇAMENTO

O endereçamento é a metodologia que define todos os locais reservados no depósito para a guarda das mercadorias recebidas. Para que haja ordem no processo de guarda, é necessário criar um sistema lógico contendo várias informações. Essas informações resultarão em um mapa de endereços. Fazendo uma analogia, o procedimento

---

[10] Existem modelos customizados para serem adquiridos no mercado que atendem a necessidades específicas das empresas.

de endereçamento logístico é semelhante ao modo como o carteiro encontra nossa residência.

Para criar esse código, deve-se determinar alguns pontos referenciais, que serão basilares para todo o processo de endereçamento. A definição e o entendimento desses pontos promovem uma assertividade operacional em que a redução de tempo na realização das rotinas proporciona uma melhora do nível de serviço ofertado pela empresa. A seguir, serão apresentados esses pontos. Ao final do capítulo, o leitor perceberá a importância da aplicação desse modelo.

3.4.1 RUA

As ruas ou corredores são as passagens entre os porta-paletes. É por elas que ocorre o trânsito de funcionários, maquinário para transporte e guarda das mercadorias. Elas devem ser identificadas em ordem crescente, pelo sistema de letras, números ou alfanumérico. Esta indicação deverá ser sinalizada por placas suspensas que serão afixadas no início e no fim dos corredores. Na Figura 3.24, foi utilizada a identificação por números.

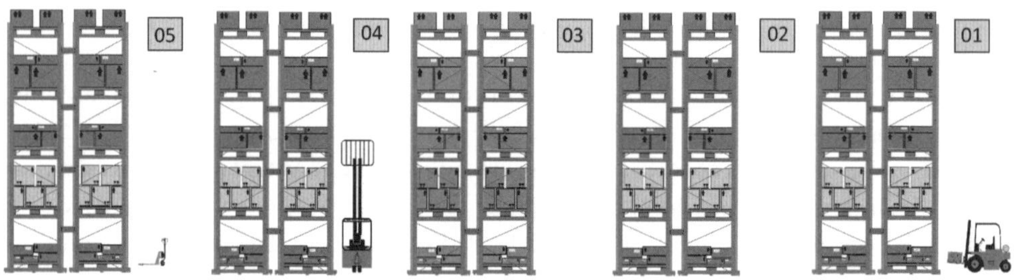

Figura 3.24. Rua.

Outra questão importante é sobre a definição da largura das ruas, que é condicionada aos equipamentos utilizados para movimentação segura das mercadorias. Além disso, quanto maior a largura destinada, menor é a capacidade de estocagem de mercadorias. A Figura 3.24 apresenta as ruas identificadas 01 a 05, da direita para a esquerda.

Essa observação é levantada por Chiavenato (2005, p. 124), que enfatiza que "a largura dos corredores é determinada pelo equipamento de manuseio e movimentação dos materiais. Os corredores principais e os de embarque devem permitir o trânsito de duas empilhadeiras ao mesmo tempo, em dois sentidos".

Outro ponto relevante diz respeito à iluminação adequada para a realização das rotinas. O depósito deverá atentar para essa condição, a fim de que não ocorram acidentes e que não se comprometa a visão dos colaboradores. Alguns galpões, visando redução de custo, instalam telhas translúcidas para entrada da luz natural entre os porta-paletes.

3.4.2 PRÉDIO

Ao conjunto de porta-paletes, sejam eles simples ou duplos, pode ser atribuído o nome de prédio ou bloco. A identificação, em ordem crescente, pode ser feita por meio do sistema de letras, números ou alfanumérico. Além disso, o gestor poderá destinar grupos de prédios para subdividir operações que serão trabalhadas por apresentarem características semelhantes, como embalagens, maquinário e giro. Isso assegura uma maior agilidade na movimentação de mercadorias.

A título de ilustração, na Figura 3.25 é perceptível que a adoção da identificação dos prédios é feita por número (01 até 10, sendo que os prédios 01 e 02 são porta--paletes simples e os demais duplos). Os números entre os porta-paletes são dos corredores (1 até 5).

Figura 3.25. Prédio.

Por exemplo: no cenário da Figura 3.25, quando o operador estiver no corredor 03 ele terá acesso ao prédio 05, que está à esquerda, e ao prédio 04, que está à direita. Independentemente da utilização de letras ou números, o processo de identificação torna-se vital para a celeridade das rotinas internas.

3.4.3 COLUNA

A estrutura do porta-palete é segregada, verticalmente, em colunas pelas vigas de sustentação. Na montagem do prédio, é imprescindível definir as dimensões das divisórias em que os paletes ficarão estocados. Dada a largura do palete PBR, é necessária a criação de colunas proporcionais a estas dimensões.

Por exemplo: se a empresa decide utilizar sempre dois paletes por longarina entre as vigas, deve-se montar a estrutura com pouco mais de 2,00 metros lateralmente, visto que uma pequena folga entre os paletes é necessária para que eles sejam movimentados sem o risco de acidente para o operador e de dano à própria mercadoria. A depender das dimensões dos produtos, a empresa poderá definir trabalhar com uma distância superior a dois paletes.

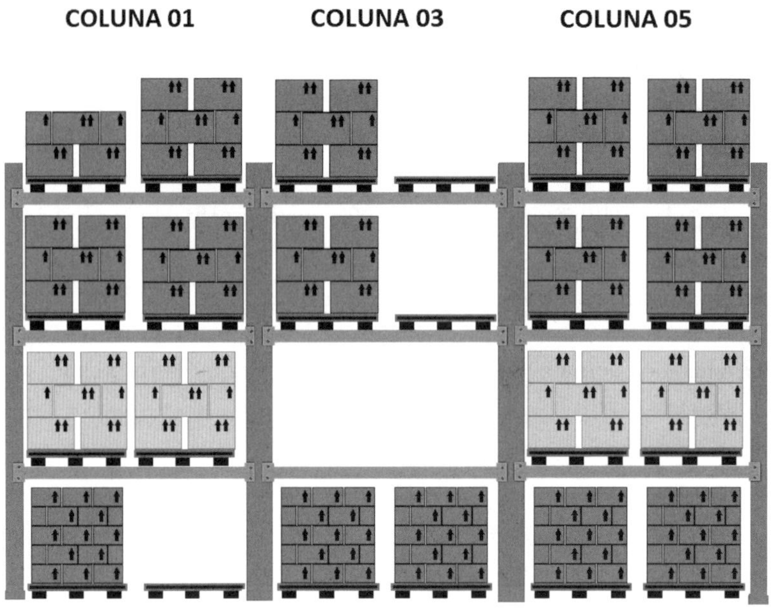

Figura 3.26. Colunas.

Em geral, se atribuem apenas números para identificação das colunas. Como fazer, então, para que numa mesma rua não existam colunas com o mesmo número? Em uma analogia com o nosso endereço residencial, atribuiremos às colunas uma numeração crescente, ímpar de um lado e par do outro lado. Desse modo, independentemente do comprimento da rua, nunca haverá colunas com numeração repedida. Isso também permite uma melhor identificação pelo operador, pois, ao identificar a rua correta, ele volta sua atenção para o porta-palete à direita ou à esquerda. Do lado esquerdo, então, ficariam as colunas 01, 03, 05 e assim por diante, e do lado direito, as colunas 02, 04, 06 até o fim do corredor.

Imagine a seguinte situação: em um galpão, as ruas são longas, e chegando a ter porta-paletes com 50 colunas. O operador deve guardar um palete de mercadoria na coluna 37. Isso significa que, naquela rua, não existirá outra coluna 37. Mas para que o operador não fique contando coluna por coluna, é necessária a identificação visual da numeração da respectiva coluna por todo o prédio, mediante etiquetas fixadas nas longarinas ou nas vigas.

3.4.4 ANDAR

A subdivisão das colunas é chamada de andar. A longarina, além de garantir estabilidade ao porta-palete, separa um andar do outro. A identificação dos andares inicia-se da parte mais baixa até a última em cima, utilizando a numeração ordinária crescente. A figura a seguir evidencia a disposição dos andares.

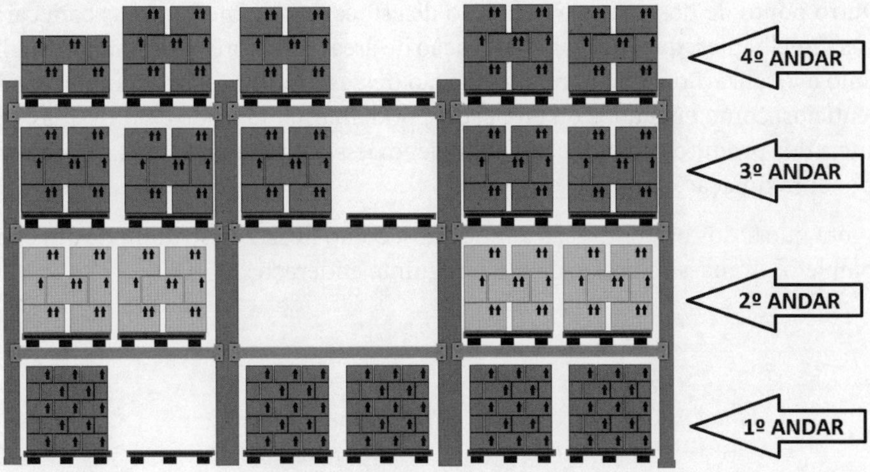

Figura 3.27. Andares.

3.4.5 APARTAMENTO

A largura das colunas varia proporcionalmente em função da quantidade de mercadoria destinada à estocagem. A subdivisão de uma coluna é chamada de apartamento. Logo, o espaço que corresponde à largura de um palete terá uma identificação, tornando-o único em todo o depósito. Assim, podem-se distinguir os apartamentos com letras, como apartamento A, apartamento B, ou números, como apartamento 1, apartamento 2. A proposta é levar ao gestor, por meio da ferramenta de endereçamento, celeridade e organização na gestão de estoque. A apresentação do conceito de apartamento conclui todas as observações necessárias para criar um endereço completo em um depósito.

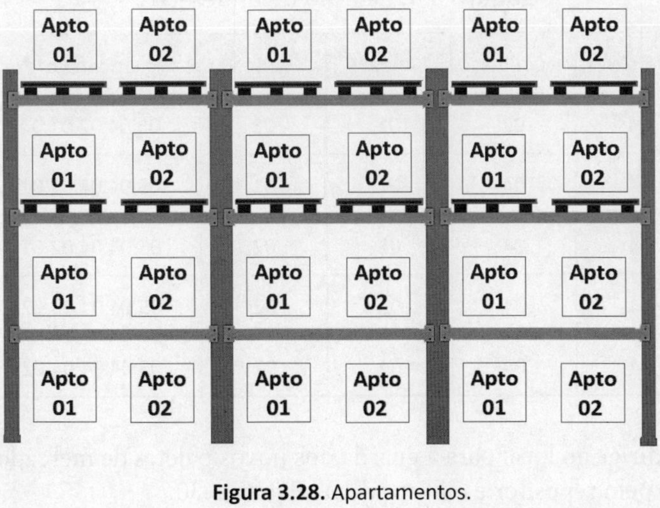

Figura 3.28. Apartamentos.

Outro ponto de destaque é a definição de estocagem de mercadorias com características semelhantes, que resultará na criação de áreas ou setores delimitados, facilitando tanto a localização como a movimentação desses produtos. Por exemplo: produtos alimentícios, como enlatados ou ensacados, podem estar alocados juntos, mas a certa distância dos produtos de limpeza e de higiene pessoal, para que não haja contaminação por aproximação.

Agora que todos os pontos são conhecidos, como ficaria a estrutura de um endereço completo? Toma-se como exemplo o seguinte endereço:

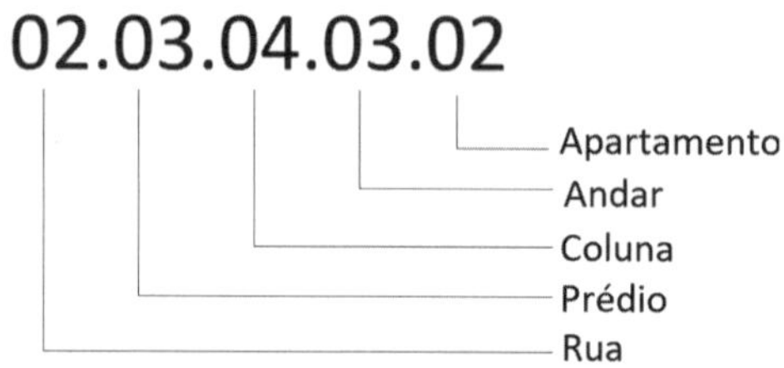

Figura 3.29. Endereço completo.

Ao conhecer a estrutura de endereço em um depósito, qualquer funcionário saberá exatamente aonde deverá ir para a realização das atividades.

Com base nos tópicos abordados, será apresentada a seguir a aplicação do endereçamento em um porta-palete. Imagine que o gerente de logística solicita ao repositor guardar cinco paletes de mercadorias que a empresa acabou de receber. Ao tomar conhecimento da relação de endereços (Quadro 3.5), o operador se desloca ao endereço solicitado.

Quadro 3.5. Relação de endereços

Rua	Prédio	Coluna	Andar	Apto.	Endereço	Itens
05	04	02	01	02	05.04.02.01.02	A
05	04	04	02	01	05.04.04.02.01	B
05	04	04	02	02	05.04.04.02.01	C
05	04	04	03	02	05.04.04.03.02	D
05	04	04	04	02	05.04.04.04.02	E

Quando se dirige ao local para a guarda dos novos paletes de mercadorias, o cenário encontrado pelo repositor é o ilustrado na Figura 3.30.

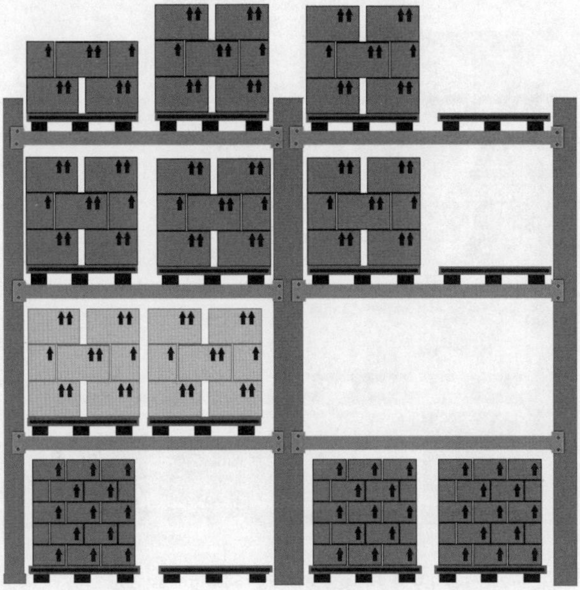

Figura 3.30. Endereços vazios.

Ao identificar os endereços, o repositor necessita da utilização de uma empilhadeira para os endereços mais altos. A necessidade de quaisquer equipamentos para execução de tarefas deve ser considerada previamente, quando da sugestão dos respectivos endereços para estocagem.

Para uma boa prática na gestão de estocagem de mercadorias que serão guardadas a partir do segundo andar até o último, o gestor poderá criar rotinas específicas. Essas rotinas devem considerar:

- número de funcionários que operam e que não operam empilhadeiras;
- escala de trabalho;
- número de empilhadeiras;
- escadas;
- número de endereços tanto na área de *picking* como nos andares superiores;
- priorização de mercadorias na área de *picking*;
- quantidade de geração de ordem de endereçamento.

Após definir a melhor estratégia considerando as disponibilidades de recursos da empresa, como ficaria a disposição dos paletes com as novas mercadorias?

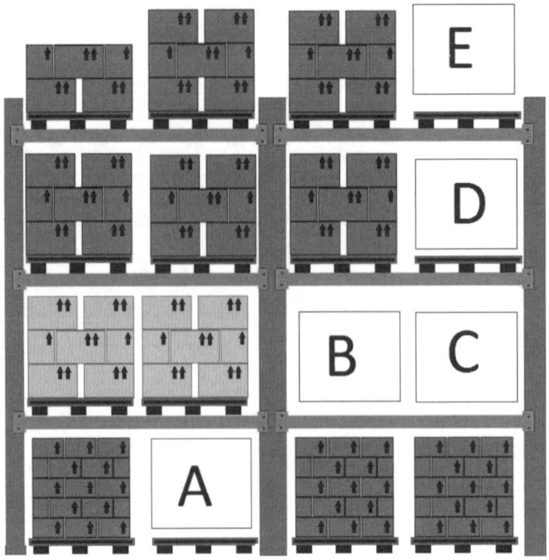

Figura 3.31. Endereços reservados.

Aplicando o conhecimento adquirido sobre a forma de endereçar mercadorias, o operador não terá dificuldades em encontrar os endereços e guardar cada palete de mercadorias. Por questões de espaço na estrutura do galpão, o gestor poderá adequar o porta-palete para incrementar e aumentar o número de endereços disponíveis para estocar. Isso significa que não necessariamente todas as colunas terão dois ou mais espaços por coluna para a guarda dos paletes. Na Figura 3.32, a última coluna contém apenas um apartamento por andar.

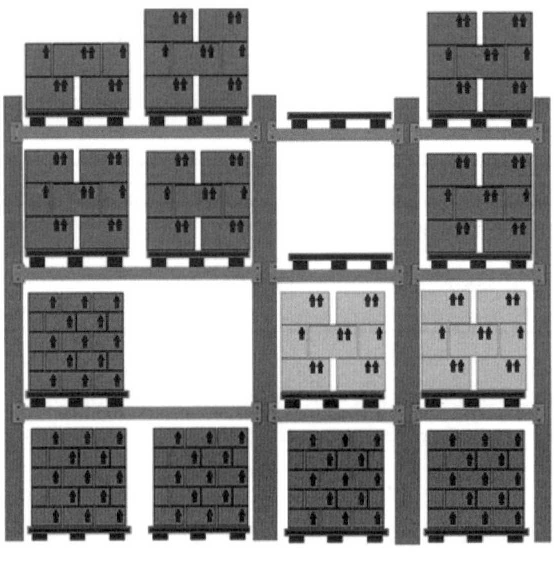

Figura 3.32. Coluna com um palete de largura.

3.4.6 ETIQUETA

Para auxiliar o operador na tarefa de localização, são utilizadas etiquetas que são afixadas nas longarinas e nas vigas, identificando o endereço. As informações contidas são a numeração do endereço e, em alguns casos, o código de barras que é gerado para o endereço. Desse modo, o operador, ao utilizar o coletor de dados (item 4.3.2 – "Coletor de dados"), poderá lê-lo, otimizando o tempo nas atividades de estocagem ou separação de pedidos.

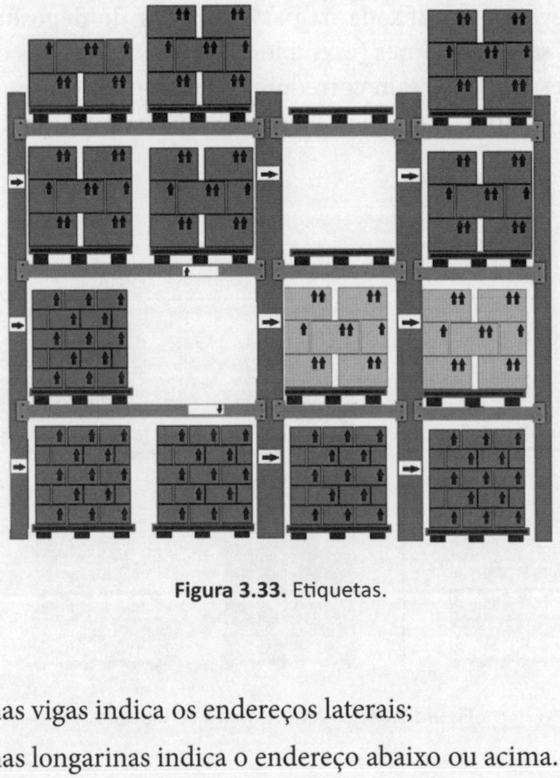

Figura 3.33. Etiquetas.

Logo:

- a etiqueta nas vigas indica os endereços laterais;
- a etiqueta nas longarinas indica o endereço abaixo ou acima.

Uma informação importante é a utilização de etiquetas adequadas para as câmaras frigoríficas, que suportem baixas temperaturas e grandes umidades, que são características desses ambientes.

3.4.7 ENDEREÇAMENTO DE LOCAIS ESPECÍFICOS

Uma forma de endereçar mercadorias que não possam ser estocadas em porta-paletes é pela criação de locais para manter as especificidades intrínsecas das mercadorias. Para que isso ocorra, é necessária a delimitação física desse local para contemplar o endereço.

Por exemplos: suponhamos que o depósito determine que os produtos que tenham alto risco de furto (PARF) devam ficar restritos a uma sala pequena ou a um local cercado por grades, no qual apenas funcionários específicos podem circular. Essa opção de endereçamento deve ser contemplada pelo *warehouse management system* (WMS) da empresa. Devido a essas características, o endereço gerado não contemplará todos os itens de um endereço em porta-paletes.

3.4.7.1 Blocado

A forma de endereçamento da área de blocado evidencia as fileiras e as colunas. A identificação deverá estar afixada na parte superior do depósito. Caso a empresa adote a estocagem sem corredores (exemplo 1), apenas adotará as colunas como referência. Já as empresas que adotam corredores (exemplo 2) na área de blocado devem incluir também as colunas, visto que há a possibilidade de alcance de outros produtos diferentes das colunas iniciais.

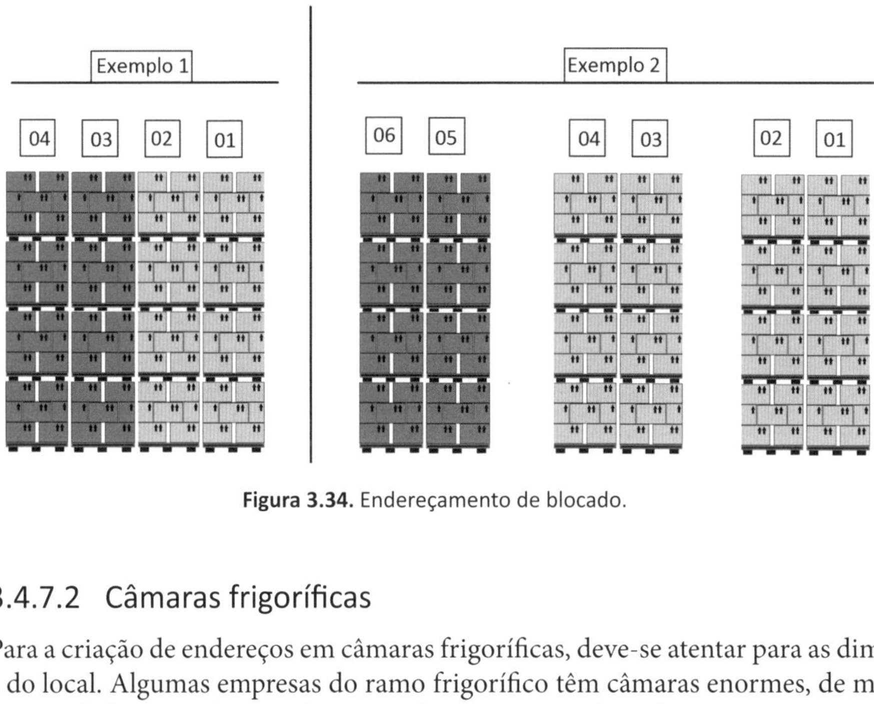

Figura 3.34. Endereçamento de blocado.

3.4.7.2 Câmaras frigoríficas

Para a criação de endereços em câmaras frigoríficas, deve-se atentar para as dimensões do local. Algumas empresas do ramo frigorífico têm câmaras enormes, de modo que a atividade de atribuição de um endereço contempla todos os campos. Porém, caso a empresa não disponha de uma área com essas dimensões de guarda, aconselha-se criar um endereço mais enxuto para ela. Considerando a característica dos produtos resfriados ou congelados, há que se criar um endereço para cada câmara.

3.4.7.3 Trocas

Para fins de endereçamento, todo os locais dentro de um depósito terá um endereço. Se houver mercadorias com qualquer tipo de defeito que as tornem impossibilitadas de serem comercializadas, torna-se necessária a criação de um endereço para essas mercadorias. No ato da retirada da mercadoria viciada para esse local, deverá existir um endereço cadastrado no sistema para ser receber esse estoque.

No que tange às mercadorias congeladas e resfriadas impróprias para consumo, é sabido que é difícil utilizar uma câmara apenas para essa finalidade. Caso seja necessário mantê-las até serem retiradas, é aconselhável utilizar uma parte, bem sinalizada, da câmara, indicando que as mercadorias não estão adequadas para consumo. Não é porque a mercadoria refrigerada ou congelada não esteja em condições de comercialização que a empresa deixará de manter as condições de temperatura adequada, pois a guarda em locais sem esses requisitos pode trazer contaminação, além de odor desagradável.

Uma sugestão é o auxílio de um profissional da área de nutrição para orientação do melhor critério. Outra fonte para orientações é a consulta ao próprio fornecedor daquela mercadoria.

3.4.7.4 Uso e consumo

A criação de um endereço para esses produtos será necessária, assim como os demais setores mencionados anteriormente. O que se deve destacar é a situação em que a empresa adquire produtos iguais, mas com finalidades diferentes.

É notório que o volume de mercadorias para revenda é bem superior ao do estoque de consumo interno. Por isso, a empresa deve considerar os componentes da estrutura de endereço e utilizar o que for mais adequado ao espaço reservado.

Por exemplo: talvez o local não precise reservar um espaço com as dimensões de um palete, ou talvez os corredores não tenham a distância de uma empilhadeira. Nesse caso, o gestor do setor irá definir quais campos serão utilizados para endereçar o estoque.

3.5 REABASTECIMENTOS DE ENDEREÇOS VAZIOS

Quanto à metodologia de escolha de um endereço, as empresas dispõem da ferramenta de endereçamento do WMS. Uma das rotinas para as quais o software contribui é o gerenciamento do mapa de endereços. Como isto funciona?

Após o ato de recebimento das mercadorias, é necessário guardá-las. Identificar um endereço disponível em um armazém pode se tornar uma tarefa árdua se o operador tiver que sair procurando nos prédios um endereço livre. Diante disso, as informações a seguir possibilitam um melhor fluxo tanto operacional como estratégico na guarda de mercadorias.

O gestor de estoque deve considerar os seguintes tópicos:

- total de endereços existentes;
- percentual de ocupação;

- criação de novos endereços;
- mercadorias com maior giro e mais pesadas deverão ficar mais perto da saída;
- mercadorias com características semelhantes devem ficar próximo das de mesma natureza.

Ao processar esse número de locais, o software indica quais endereços serão destinados para as mercadorias que estão sendo recebidas. Questões como essas promovem a otimização dos processos operacionais de entrada e saída de mercadoria, além do tempo e custo para atendimento de pedidos.

Para aprimorar a otimização da estocagem de mercadorias, o gestor tem à disposição alguns métodos de endereçamento. Esses conceitos serão apresentados a seguir, contemplando o endereçamento fixo e o endereçamento aleatório.

3.5.1 ENDEREÇAMENTO FIXO

Na adoção desse tipo de endereçamento, as mercadorias têm definidos os endereços independentemente se houve estoque. A definição ocorre antes mesmo de a mercadoria entrar no sistema. A desvantagem é que mesmo existindo endereços próximos às áreas de *picking*, a empresa deixa de agrupar produtos semelhantes ao adotar essa orientação.

3.5.2 ENDEREÇAMENTO ALEATÓRIO

Nesse tipo de endereçamento, as mercadorias similares ficam em locais mais próximos uns dos outros, otimizando a atividade de *picking*, mas, em contrapartida, será sempre necessária a utilização do software WMS para localizar endereços mais próximos do estoque já existente.

Independentemente da adoção do endereçamento fixo ou aleatório, a utilização do WMS é de grande valia para as operações diárias e na tomada de decisão. O dinamismo das operações comerciais exige das empresas o acompanhamento por meio da automação das rotinas, o que resulta em um serviço assertivo e tempestivo.

3.6 REENDEREÇAMENTO DE MERCADORIAS

Durante o expediente no depósito, as mercadorias entram e saem, ocasionando liberação e ocupação dos mais diversos endereços. As mercadorias nos primeiros andares têm prioridade para serem retiradas. Com esses espaços liberados, é imperativo que sejam preenchidos com as mercadorias que estão nos andares superiores, tornando o processo de *picking* mais dinâmico. O termo *picking*, de acordo com Brito Júnior e Spejorim (2012, p. 157), "consiste na apanha, nas posições de estoque de um armazém", dos produtos contidos em um pedido de cliente, que pode ser um cliente externo ou interno à organização, de forma a satisfazer tal pedido.

Pode-se atribuir à rotina como benefício do reendereçamento:

- potencializar as ações de movimentação das mercadorias;
- impedir a criação de gargalos operacionais;
- aumento da produtividade (tempo e recursos);
- identificação de produtos com pouco giro;
- maior assertividade.

É aconselhável que o reendereçamento dessas mercadorias ocorra ao final do expediente, para que, ao iniciar o novo período de atendimento de pedidos de clientes, o estoque que antes estava em andares superiores ou distante da área de *picking* possa estar nos andares inferiores ou mais perto de produtos semelhantes.

3.7 PRINCIPAIS ERROS QUE OCORREM NO PROCESSO DE MOVIMENTAÇÃO DE MERCADORIAS

É fato que problemas acontecem em qualquer empresa. Independentemente do porte, estruturas e recursos, diversas situações provocam gargalos que resultam em atrasos e até em distratos comerciais. A seguir, são contempladas as naturezas dos principais erros na movimentação de mercadorias.

3.7.1 ERRO HUMANO

É quando o funcionário comete alguma falha na execução da atividade. São exemplos:

- o conferente de entrada não verifica a exatidão das quantidades nem as mercadorias que estão sendo recebidas;
- o conferente de expedição embarca a mercadoria no caminhão que não vai para outro cliente;
- adoção de critérios alheios aos definidos pela empresa;
- o funcionário não guarda a mercadoria no endereço indicado pelo sistema;
- não observação dos cuidados para manuseio e transporte de mercadorias orientados pelo fabricante.

As causas desse tipo de erro são má capacitação, estresse, pressão, além do não acompanhamento das tarefas *in loco*, principalmente no que tange ao "como fazer".

O gestor deve ficar atento ao desempenho dos colaboradores, objetivando a proposição de treinamentos junto ao departamento de recursos humanos.

3.7.2 ERRO PROCESSUAL

Quando a empresa não tem definidos os processos de atividades ou estes não são precisos, ocorrem os erros processuais. As consequências nesses casos são gargalhos e entraves que tornam morosas, onerosas e ineficientes as mais diversas operações do dia a dia. As causas desse tipo de erro podem ser:

- organograma confuso;
- etapas de atividades conflitantes umas com as outras;
- utilização de estratégias iguais para situações diferentes ou até mesmo não existência de estratégias;
- arbitrariedade de gestores em situações rotineiras.

Para que esse erro seja dirimido, é necessário estruturar os processos que já existem e/ou criar procedimentos novos. Para ser eficiente e eficaz, deve-se elaborar um plano operacional padrão (POP). Inicia-se com o mapeamento da atividade e posteriormente a criação do referido POP. Isso possibilita à empresa trabalhar a execução das atividades de forma padronizada nos principais pontos encontrados no mapeamento. Assim, todos os funcionários saberão como agir em cada ponto das rotinas mapeadas e o gestor conseguirá identificar possíveis falhas.

3.7.3 ERRO DE OUTRAS ORIGENS

Outras situações internas e externas podem ocorrer e gerar gargalos operacionais.

Questões internas:

- falha na parametrização das diretrizes dos módulos do *enterprise resource planning* (ERP);
- hardware retarda a execução dos programas utilizados;
- emprego em excesso de outros programas como Excel® para estruturar o que o software não processa.

Questões externas:

- durabilidade e eficiência dos equipamentos inferiores às informadas nos manuais;
- fornecedor atrasa a data de entrega do pedido.

Não existe um cenário perfeito. Para que a prática operacional tenha resultados satisfatórios, é necessário haver treinamento dos funcionários, definição de processos, utilização de equipamentos adequados à rotina e investimento em tecnologia.

A capacitação constante eleva o nível de serviço, de forma que, caso ocorra um desses erros, o funcionário consegue responder de forma eficaz, contornando a situação. A definição de rotinas evita a arbitrariedade na tomada de decisões, trazendo transparência a todas as etapas e evitando gargalos. A não utilização de equipamentos adequados pode resultar em perdas, atrasos e desconfianças frente a um cenário competitivo como o dos dias atuais.

3.8 MONTAGEM DE KIT

Uma prática comercial bastante utilizada é a criação e a oferta de kits promocionais. Muito comuns no atacado e no varejo, além de um grande atrativo em termos de publicidade, os kits maximizam a margem de lucro das empresas. É o que diz Corrêa (2014, p. 198), quando afirma que "algumas atividades de valor agregado que são hoje realizadas em armazéns são: [...] montagem de kits".

Nesse procedimento, há a criação de um novo produto quando da união de outras mercadorias. Este tópico irá explorar as circunstâncias que afetam diretamente o recebimento, a montagem, a guarda e a venda desse novo produto.

3.8.1 PRODUTOS ADQUIRIDOS PARA A MONTAGEM DOS KITS

Caso a empresa opte por montar e comercializar kits, ela deve adotar procedimentos operacionais que controlem a entrada, a montagem e a saída dos kits. Mas, inicialmente, a empresa deve definir algumas respostas para as seguintes situações:

- Existe endereço reservado para os componentes e para os kits?
- O pessoal já passou por capacitação?
- Como gerenciar kits incompletos?
- A empresa vai disponibilizar um sistema que permita o cadastramento do kit?

Nesse caso, as mercadorias que são recebidas passarão por um processo de transformação, mediante o qual será gerado um novo e distinto produto.

Figura 3.35. Aquisição de mercadorias, unicamente, para a montagem de kits.

Um exemplo é o produto cesta natalina. A empresa adquire produtos como vinhos, panetones, bombons, doces, entre outros, que, após a montagem, resultam em cestas natalinas. Para tratar a comercialização nesse caso, dois pontos devem ser destacados quanto ao faturamento da nota fiscal: faturamento de kit e faturamento de itens.

3.8.1.1 Faturamento de kit

Nesse caso, a empresa poderá criar um cadastro de um produto novo. Esse código apenas auxiliará no momento do faturamento para o cliente, pois evita que fossem registrados individualmente os itens que já estão dispostos na cesta. Essa funcionalidade, porém, deve existir como opção no software de vendas da empresa, para que o sistema permita acrescentar quantos itens forem necessários para compor a cesta.

Na tela cadastro de mercadorias, o sistema pode oferecer uma opção de cadastro de kits compostos de vários produtos. Essa funcionalidade permitirá o controle fiscal, contábil, financeiro e de estoque no trato da saída correta dos itens que compõem o kit. Essa funcionalidade também é aplicada para a produção, quando então os ingredientes são informados. À medida que o produto final é produzido ocorre a baixa dos insumos, proporcional à ficha técnica.

Fato relevante para uma excelente gestão do estoque é a definição exata dos itens que compõem os kits. Fisicamente, os itens devem ser exatamente os mesmos utilizados no cadastro. Caso haja substituição de algum produto, o cadastro deverá ser alterado; caso contrário, será dada baixa em um item errado.

Por exemplo: voltemos ao caso já mencionado da cesta natalina. Definiu-se que o vinho X será o utilizado na sua composição, mas, por algum motivo, torna-se necessária a substituição deste pelo vinho Y. Se as informações cadastrais não forem alteradas, se persistirá dando baixa no estoque do vinho X, ao passo que, fisicamente, está sendo comercializado o vinho Y.

Uma informação que corrobora o cuidado necessário com esse assunto é que, na formação de kit, utiliza-se o código fiscal de operação (CFOP) específico da operação. A montagem do kit será lançada no livro de registro de entrada sob o código 1.926 para aquisição de dentro do Estado e 2.926 para aquisição de fora do Estado. A natureza da operação é: "Lançamento efetuado a título de reclassificação de mercadoria decorrente de formação de kit ou de sua desagregação".

3.8.1.2 Faturamento de itens

Caso o sistema da empresa não tenha a funcionalidade de inclusão de produtos para a formação de kits, o faturista deverá registrar individualmente os itens que compõem a cesta, ou seja, apesar de fisicamente o kit ser um produto distinto com embalagem própria, no sistema não existe tal produto. É importante salientar a definição de quando se montará a cesta. Para isso, elaboram-se estratégias por meio de algumas perguntas:

- Montar o kit à medida que os componentes são recebidos?
- Montar o kit apenas após todos os componentes terem sidos recebidos, mas sem o pedido dos clientes?
- Montar o kit apenas quando o pedido for realizado pelo cliente?

Do ponto de vista operacional, as duas últimas opções são mais utilizadas em detrimento da primeira, uma vez que, devido à demora na chegada de alguns itens que irão compor o kit, o controle desse estoque inacabado necessitará de um cuidado maior, além de ocasionar possíveis perdas. Trabalhar com a disponibilidade de todos os itens possibilita um melhor controle desses kits.

Fato importante também é o controle de validade dos produtos que formarão esses kits, pois podem ter prazos diferentes. Além disso, as informações nutricionais das mercadorias encontradas no kit deverão ser explicitadas na embalagem para o cliente.

3.8.2 PRODUTOS ADQUIRIDOS QUE SÃO COMERCIALIZADOS INDIVIDUALMENTE E EM KITS

Nesse caso, a empresa decide, além da montagem dos kits, revender os produtos em unidades avulsas. Se a mercadoria entra e sai de forma individual, a baixa ocorre normalmente. Já os itens que são utilizados para montagem do kit devem ter a mesma atenção mencionada no item 3.8.1.

Conforme o exemplo da Figura 3.36, há a saída dos itens das duas formas, em kit ou avulsa. Isso se deve ao fato de que nem sempre as compras ocorrem em quantidades exatas para a montagem dos kits.

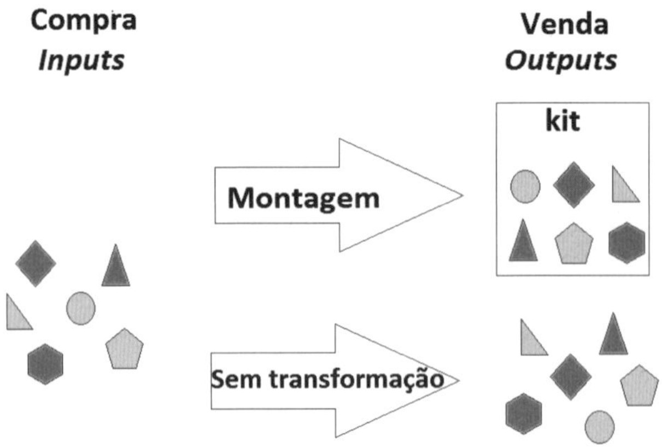

Figura 3.36. Aquisição de mercadorias, também, para montagem de kits.

3.8.3 COMPRA E REVENDA DE KIT

Nesse caso, como a mercadoria já é o próprio kit, a operacionalização é a mesma atribuída a mercadorias adquiras individualmente. A Figura 3.37 ilustra o processo sem transformação.

Figura 3.37. Aquisição de kits para venda como kits.

3.8.4 COMPRA DE KIT E REVENDA DOS COMPONENTES

Nesse caso, a empresa decide adquirir kits e vender em unidades avulsas os itens que os compõem. No procedimento de entrada no sistema, o operador deverá promover a segregação e identificação dos componentes nos respectivos códigos. Quando ocorrer a saída desses itens, a baixa deve ser realizada corretamente no saldo do estoque do item especificado na entrada. É importante salientar os cuidados no endereçamento, já que todos os kits deverão ser desfeitos na entrada. Por isso, o gestor deverá utilizar embalagens adequadas para a guarda e movimentação desses itens. A Figura 3.38 evidencia essa transformação.

Figura 3.38. Aquisição de kits para vendas avulsas.

Um exemplo é o kit automobilístico. A empresa adquire um kit para automóvel que contém uma estopa, uma cera e um aromatizante. Caso ela decida vender esses itens individualmente, deverá fazer a segregação no ato da entrada nos sistemas, para que, no momento da venda ou da transferência, a baixa ocorra corretamente em cada item, considerando a tributação, a descrição, a nomenclatura comum do Mercosul (NCM), entre outros dados do cadastro de mercadorias.

3.9 RESUMO

A apresentação do *layout* do armazém proporciona ao leitor a visão de todas as características estruturais ligadas à guarda da mercadoria. Os estudos sobre *layout* apresentam as principais estruturas para auxiliar todos os processos de movimentação e guarda de mercadorias durante a permanência da mercadoria no depósito. Pormenorizar as circunstâncias de estocagem, seja em termos de equipamentos, estrutura, procedimentos internos ou capacitação de pessoal, permite ao gestor mais entendimento e discernimento sobre a melhor alternativa para as mais diversas questões sobre as características dos produtos, sejam eles kits ou fracionados. Com isso, o nível de serviço apresentado pela empresa ficará evidente para os clientes, tanto internos como externos. A criação de um modelo de endereçamento desenvolve o fluxo operacional e fortalece as práticas logísticas da empresa. O gestor perceberá a importância da unitização e como ela se relaciona com o modelo de *layout* adotado pela empresa.

3.10 DIAGRAMA DO CAPÍTULO

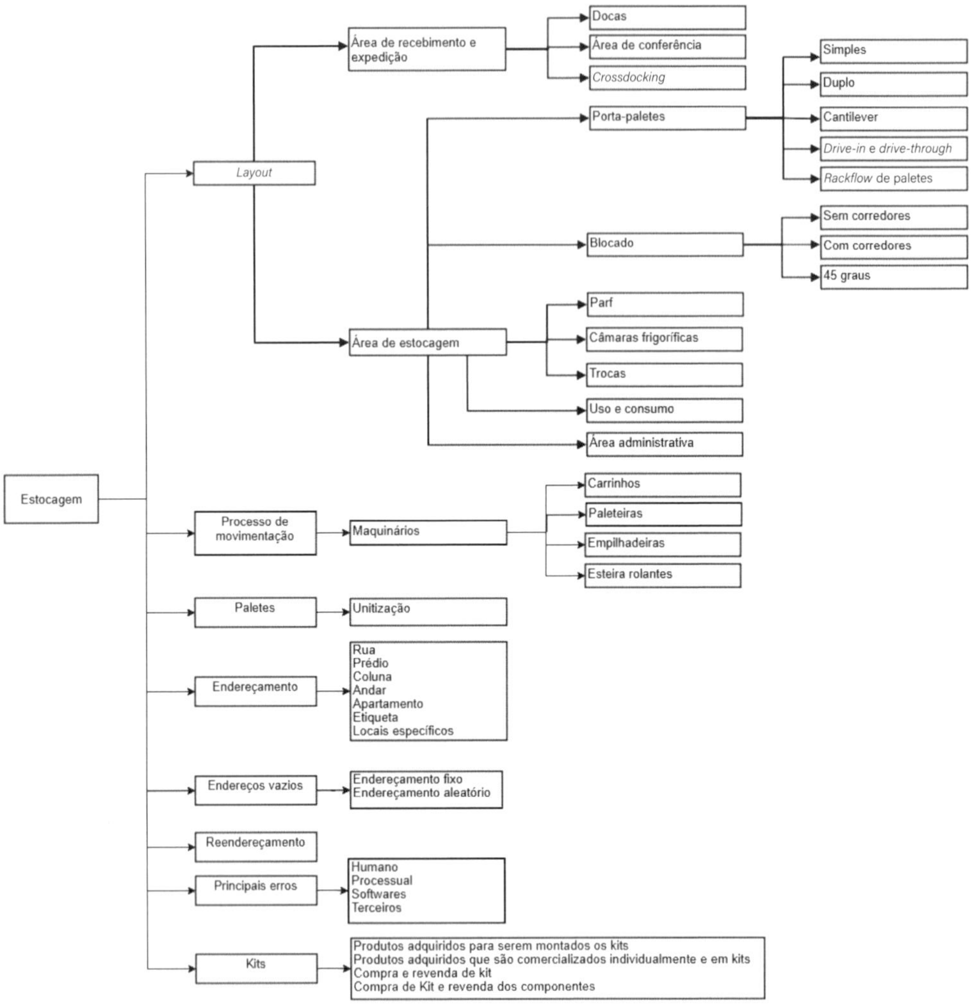

3.11 EXERCÍCIOS DE FIXAÇÃO

1. Como um *layout* bem elaborado pode melhorar as receitas de uma empresa?
2. Suponha que um centro de distribuição utiliza as mesmas docas para recebimento e expedição. Como você montaria uma rotina para trabalhar com mercadorias no sistema *crossdocking*?
3. Que tipo de mercadoria é melhor estocar em área de blocado e não em porta-palete?

4. Cite três tipos de mercadorias que devem ser estocadas no cantilever.
5. Quais mercadorias você estocaria no sistema *drive-in* e no sistema *drive-through*? Cite dois exemplos.
6. Imagine a seguinte situação: uma rede de supermercados adquire papel toalha tanto para revenda quanto para uso interno. Em um determinado dia, o estoque reservado para revenda acaba antes de o novo pedido chegar. Você poderia retirar o papel toalha destinado a uso e consumo e colocá-lo para revenda? Justifique sua resposta.
7. Defina unitização. Dê exemplos.
8. Você recebe o seguinte endereço: 05.A.15.03.B. Com base nos estudos sobre endereçamento, identifique: coluna; rua; andar; prédio e apartamento.
9. Cite um erro que pode ter como origem o mau treinamento de um funcionário na movimentação de mercadoria.
10. Suponhamos que a empresa adquira um kit e resolva vendê-lo de duas maneiras: o kit completo e os componentes avulsos. Quais seriam os procedimentos que você adotaria para controle de estoque num possível inventário?

3.12 REFERÊNCIAS

ARNOLD, J. R. Tony. *Administração de materiais*: uma introdução. Trad. Celso Rimoli e Lenita R. Esteves. São Paulo: Atlas, 2008.

ASSOCIAÇÃO BRASILEIRA DE SUPERMERCADOS (ABRAS). *Manual de utilização*: palete PBR-1 versão 2019. Disponível em: http://static.abras.com.br/pdf/manual-de-utilizacao-pbr-1.pdf. Acesso em: 14 dez. 2019.

AYRES, Antônio de Pádua Salmeron. *Gestão de logística e operações*. Curitiba: Iesde Brasil, 2009.

BADARÓ, Adilson. Como controlar seu estoque de troca e realizar suas devoluções para fornecedores. *Infovarejo*, 12 mar. 2018. Disponível em: https://www.infovarejo.com.br/como-controlar-seu-estoque-de-troca/. Acesso em: 14 dez. 2019.

BALLOU, Ronald H. *Gerenciamento da cadeia de suprimentos/Logística empresarial*. Trad. Raul Rubenich. 5. ed. Porto Alegre: Bookman, 2006.

________. *Logística empresarial*: transportes, administração de materiais e distribuição física. Trad. Hugo T. Y. Yoshizaki. São Paulo: Atlas, 2012.

BOWERSOX, Donald J.; CLOSS, David J. *Logística empresarial*: o processo de integração da cadeia de suprimentos. Trad. Centro de Estudos em Logística e Adalberto Ferreira das Neves. São Paulo: Atlas, 2007.

BOWERSOX, Donald J. *et al. Gestão logística da cadeia de suprimentos*. Trad. Raul Claudio de Queiroz Faria. 4. ed. Porto Alegre: Bookman, 2014.

BRASIL. Lei n. 12.305, de 2 de agosto de 2010. Plano Nacional de Resíduos Sólidos. Disponível em: http://www.planalto.gov.br/ccivil_03/_ato2007-2010/2010/lei/l12305.htm. Acesso em: 12 dez. 2019.

BRITO JÚNIOR, Irineu de; SPEJORIM, Washington. *Gestão estratégica de armazenagem*. Curitiba: Iesde Brasil, 2012.

CHIAVENATO, Idalberto. *Administração de materiais*: uma abordagem introdutória. Rio de Janeiro: Campus, 2005.

CORRÊA, Henrique Luiz. *Administração de cadeia de suprimentos e logística*: o essencial. São Paulo: Atlas, 2014.

DIAS, Marco Aurélio P. *Logística, transporte e infraestrutura*: armazenagem, operador logístico, gestão via TI e multimodal. São Paulo: Atlas, 2012.

ESCOLA Nacional da Inspeção do Trabalho (Enit). NR-26: sinalização de segurança. Disponível em: https://www.gov.br/trabalho/pt-br/inspecao/seguranca-e-saude-no-trabalho/normas-regulamentadoras/nr-26.pdf/view. Acesso em: 7 jul. 2021.

HAAS Madeiras e a Comissão Nacional sobre o novo PBR (Palete Padrão Brasil). Haas Madeiras, 10 jul. 2019. Disponível em: https://www.haasmadeiras.com.br/haas-madeiras-e-a-comissao-nacional-sobre-o-novo-pbr-palete-padrao-brasil. Acesso em: 14 dez. 2019.

MOURA, Cássia E. de. *Gestão de estoque*: ação e monitoramento da cadeia de logística integrada. Rio de Janeiro: Ciência Moderna, 2004.

OLIVEIRA, Djalma de Pinho Rebouças. *Administração de processos*: conceito, metodologia, prática. 5. ed. São Paulo: Atlas, 2013.

PIRES, Sílvio R. I. *Gestão da cadeia de suprimentos*: conceitos, estratégias, práticas e casos. São Paulo: Atlas, 2007.

POZO, Hamilton. *Administração de recursos materiais e patrimoniais*: uma abordagem logística. 7. ed. São Paulo: Altas, 2017.

SALGADO, Tarcísio Tito. *Logística*: práticas, técnicas e procedimentos de melhoria. São Paulo: Senac São Paulo; Rio de Janeiro: Senac Nacional, 2013.

TADEU, Hugo Ferreira Braga. *Gestão de estoques*: fundamentos, modelos matemáticos e melhores práticas aplicadas. São Paulo: Cengage Learning, 2010.

VIANA, João José. *Administração de materiais*: um enfoque prático. São Paulo: Atlas, 2006.

CAPÍTULO 4

ATENDIMENTO DE PEDIDOS

Um dos grandes propósitos da utilização dos depósitos é o atendimento dos pedidos feitos pelos clientes, sejam eles internos ou externos. Não fará nenhum sentido se a mercadoria, até esse instante, tiver sido corretamente gerenciada e, no momento de atender a demanda, a empresa cometer falhas. Assim, justifica Novaes (2015, p. 12) "que o foco básico do varejo e da logística está localizado no consumidor final".

Por isso, uma série de rotinas irá contribuir para o êxito da entrega, considerando o papel importante do cliente na cadeia de abastecimento. Em outras palavras, negligenciar essas etapas poderá gerar:

- inviabilidade econômica, como quebras de contratos firmados e perdas de clientes para a concorrência;
- gargalos, como inoperância plena das rotinas internas;
- descrédito quanto à capacidade de atendimento ao cliente.

E isso é reforçado por Arnold (2008, p. 271), para quem a expressão "atendimento ao cliente" descreve a "disponibilidade de itens quando necessário, sendo uma mensuração da eficácia da administração de estoque".

Neste capítulo serão apresentadas as principais etapas da atividade de recebimento e atendimento de pedidos de clientes internos e externos.

4.1 RECEBIMENTO DE PEDIDOS

A definição de processos para recebimento de pedido de clientes internos e externos é vital para que as rotinas possam ser executadas sem gargalos. Sem esses procedimentos, aumentam significativamente as chances de o pedido não ser atendido corretamente pela empresa. Esse atendimento incorreto não se limita aos produtos pedidos, mas inclui também o atraso na entrega. Confirma esse entendimento a definição proposta por Ayres (2009, p. 268) de que "o processamento de pedido consiste na capacidade das organizações fornecedoras de processar de maneira *adequada* [grifo nosso] os pedidos dos clientes".

Um cenário perfeito, em que a empresa dispõe de processos, maquinários diversos, estruturas variadas e mão de obra 100% disponível, pode parecer fantástico, mas será que essa abundância de recursos é acessível a todas as empresas? Claro que não.

Isso significa que nem sempre a empresa disporá de recursos para o atendimento desses clientes. Ou seja, tanto os clientes internos como os externos terão seus pedidos atendidos pelos mesmos funcionários, mesmo maquinário, mesmo local e talvez no mesmo horário. Cabe ao gestor de estoque desenvolver procedimentos para cada uma dessas solicitações. A seguir serão apresentadas algumas técnicas que, se bem executadas, proporcionarão ao gestor maior confiabilidade no atendimento dos pedidos.

4.1.1 RECEBIMENTO DOS PEDIDOS DE CLIENTES EXTERNOS

Antes de partir para o atendimento de pedidos dos clientes, é importante entender de que forma os pedidos são efetuados. Certo dessa necessidade, destaca Ballou (2006, p. 122) que "a preparação do pedido engloba as atividades relacionadas com a coleta de informações necessárias sobre os produtos e serviços pretendidos e a requisição formal dos produtos a serem adquiridos".

Para o funcionário responsável pelo atendimento dos pedidos, é importante entender a contextualização das rotinas que antecedem e que sucedem a execução da tarefa. Em face dessas pontuações, a relação a seguir ilustra os caminhos de onde podem vir as demandas dos clientes.

- O vendedor é quem "tira" o pedido junto ao cliente:
    - O vendedor é quem se dirige aos clientes e deverá ter disponível algum meio de conhecer a quantidade em estoque de todos os itens ofertados pela empresa. Ter acesso remoto e on-line sobre as quantidades exatas de mercadorias em estoque promoverá um atendimento assertivo das disponibilidades junto ao cliente.
- O cliente acessa o site da empresa e "enche o carrinho":
    - Neste caso, é necessário que a disponibilidade ou indisponibilidade das quantidades do estoque estejam, expressamente, informadas junto à imagem da mercadoria no site.
- O cliente vai, pessoalmente, fazer o pedido ou efetuar a compra:
    - Essa prática é mais usual nos ramos varejistas. Nessa situação, o cliente adquire o estoque existente no momento da compra.

- Outra prática é solicitar ao empresário que encomende a quantidade de mercadorias necessárias para as atividades que levaram o cliente a ir ao local.

▶ Atendimento automático:

- Algumas empresas trabalham com pedidos automáticos por meio da ferramenta *eletronic data interchange* (EDI). A tecnologia consiste na comunicação entre parceiros comerciais de forma eletrônica, e o pedido é feito mediante uma comunicação criptografada entre ambos. Nesse caso, o fornecedor atenderá imediatamente o cliente quando este atingir o ponto de pedido do estoque. A adoção dessa tecnologia é justificada por Martins (2009, p. 91), que afirma que "o EDI proporcionou que o relacionamento entre cliente e fornecedor evoluísse de tal forma que o processo de compra foi totalmente automatizado".

Essas situações mencionadas ilustram o caminho que percorre o pedido até chegar à empresa para análise. Cada uma delas exige cuidados específicos que diferem de empresa para empresa, mas, de modo geral, apresentam o mesmo propósito: atendem exatamente o que o cliente demanda.

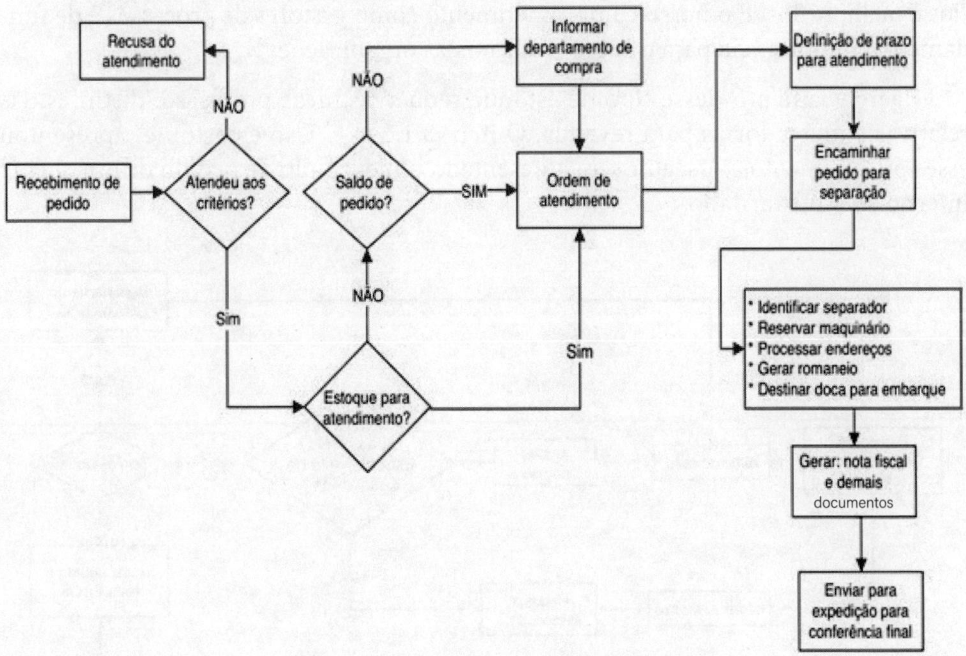

Figura 4.1. Esquema para atendimento de cliente externo.

O esquema apresentado contempla as principais atividades de atendimento de pedido de clientes externos. A depender da estrutura da empresa, a certas etapas do pedido poderão ser acrescentadas outras. Certo é que deve haver a criação de momentos para que a empresa possa acompanhar melhor essa rotina num tempo adequado.

Definir o fluxo operacional de atendimento de cliente externo é um ponto salientado por Ballou (2006, p. 125), que afirma que "o estabelecimento de prioridades de atendimento e os procedimentos para tanto exigidos influem no tempo do ciclo total do pedido de cliente".

Essa observação ratifica a necessidade de estabelecer formas padronizadas para atendimento, promovendo a elevação do nível de serviço e a percepção que o cliente terá quanto à eficácia e eficiência das rotinas internas da empresa.

4.1.2 RECEBIMENTO DOS PEDIDOS DE CLIENTES INTERNOS

Para atendimento dos clientes internos, a empresa deverá adotar procedimentos semelhantes aos do atendimento de clientes externos. Isso quer dizer que os cuidados e a assertividade operacionais devam ser levados em consideração nessa tarefa.

A dicotomia de atendimento de ambos os clientes requer uma atenção disciplinada dos gestores, visto que os recursos disponíveis devem ser alocados em momentos distintos. Baseado nesse cenário, Isnard (2012, p. 44) afirma que, "se formos responsáveis por um ou mais processos, precisaremos conhecê-los bem para podermos gerenciá-los e melhorá-los. E o nosso comprometimento como gestores de processos é de fundamental importância para o sucesso das nossas organizações".

O gerenciamento desse tipo de estoque requer técnicas próprias e distintas das relativas a mercadorias para revenda. O item 3.1.2.6 – "Uso e costume" apresentou esses procedimentos. A seguir será apresentado um exemplo de pedido de um cliente interno ao almoxarifado.

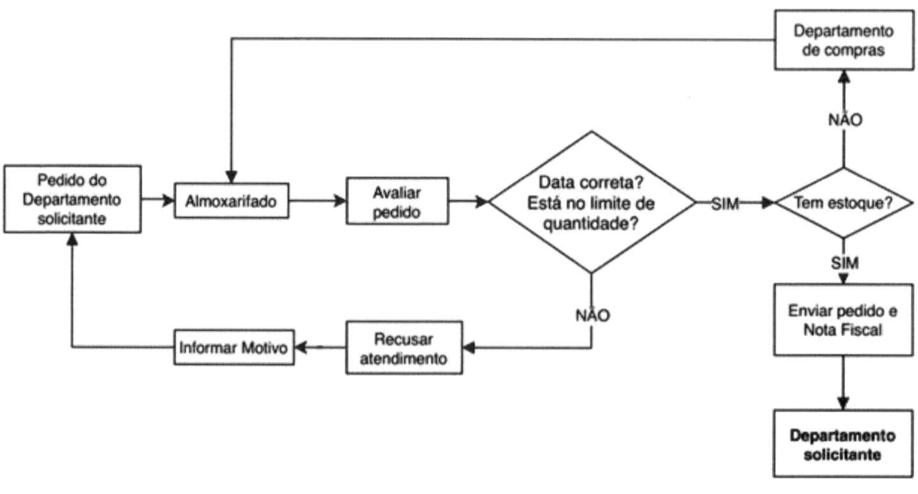

Figura 4.2. Esquema para atendimento de cliente interno.

O esquema apresentado considera uma operação interna simples de pedido de mercadorias. A depender do organograma da empresa, adaptações devem ser feitas nas etapas visando à otimização das rotinas. Após as definições das questões anteriores, deve-se divulgar e conscientizar os funcionários sobre o uso eficiente dos materiais disponíveis pela empresa. Essa campanha poderá ter o departamento de recursos humanos como parceiro para a criação de canais de comunicação, visando ao consumo racionalizado dessas mercadorias.

4.2 PRAZO DE ATENDIMENTO

A definição do tempo de atendimento é fator relevante para o recebimento dos pedidos e a determinação do *lead time* para atendê-los. De acordo com Martins (2009, p. 349), "*lead time* é o tempo decorrido desde o início até o fim de um processo".

Informar ao cliente a estimativa do tempo em que a mercadoria será entregue aumenta o nível de serviço prestado e torna a operação transparente – transparência essa que, certamente, resultará no fortalecimento da credibilidade da operação e organização do estoque da empresa. Completa Dias (2010, p. 483) que "o tempo de atendimento de um pedido é composto de (1) emissão do pedido; (2) preparação do pedido; e (3) transporte".

A seguir serão pontuadas questões que são intrinsecamente ligadas a esse tempo. Trata-se de uma relação exemplificativa de situações que afetam a estipulação do tempo para entrega das mercadorias. A não observância dessas questões poderá provocar insatisfação e até mesmo litígios contratuais.

- Atrasos de fornecedores:
  - Este fator é crucial para o atendimento do pedido, pois, como o objetivo de aquisição é a revenda, se há atraso dos fornecedores atrasa-se o atendimento do pedido. Em linhas gerais, toda a cadeia de abastecimento é afetada. Eis alguns exemplos que podem afetar a entrega:
    - entressafra;
    - greves;
    - falta de planejamento;
    - pouca demanda de outros clientes;
    - valor alto do dólar para matéria-prima utilizada para fabricação.
- Tempo de processamento, aceitação e separação do pedido:
  - Seja qual for a origem do pedido (mencionada no item 4.1 – "Recebimento do pedido"), existe um tempo que deve ser considerado em função de:
    - não haver estoque suficiente;
    - pedidos ainda não atendidos feitos anteriormente por outros clientes;
    - análise creditícia sobre vender ou não para esse cliente.

- Paradas:
  - Em se tratando de viagens, podem ocorrer paradas para descanso, alimentação e pernoites dos motoristas. Essas pausas deverão ser acrescidas ao prazo.
- Desvios:
  - Conforme o site do Ministério da Infraestrutura (2019), são 1.563,6 mil quilômetros de malha rodoviária no país, sendo 94,7% rodovias estaduais e municipais, e 5,3% federais (76,5 mil quilômetros). Outro dado, importante e preocupante, trazido pelo site é que apenas 13,70% são estradas pavimentadas. Isso aumenta a chance de interdições de trechos para o transporte das mercadorias, fazendo com que as empresas tenham que utilizar outras rotas para chegar ao destino do cliente.
- Passagem por barreiras de fiscalização:
  - As paradas para pesagem e fiscalização podem ser rápidas, mas qualquer inconsistência na carga pode ocasionar um tempo maior para resolução.
- Velocidade média segura:
  - Não adianta "pisar" no acelerador para chegar rápido. A direção segura requer a obediência às regras do Código de Trânsito Brasileiro (CTB).
- Tempo para carregamento e descarregamento:
  - O tempo gasto para carregamento e descarregamento pode variar em função dos equipamentos de movimentação que a empresa disponibiliza. Imagine duas cargas da mesma mercadoria que foram cubadas nas seguintes situações: a primeira carga foi montada e enviada de forma paletizada, e a segunda, não. No caso da primeira carga, com uma simples empilhadeira o pedido é descarregado para conferência, cenário que não se repete na segunda situação, pois, como toda a carga está apenas disposta na carroceria do caminhão, fatalmente deverá ser descarregada manualmente.

Todas essas considerações são justificadas, visto que a satisfação do cliente em receber o que foi requisitado é premissa básica de qualquer empresa que se propõe a vender. Se a empresa apresenta um alto nível de serviço, os clientes veem valor no que ela faz.

Como se pode definir nível de serviço? Resumidamente, nível de serviço é a qualificação mínima que a empresa estipula para considerar significativo o serviço prestado. Nessa mesma direção, Bowersox *et al.* (2014, p. 164) definem nível de serviço "como uma meta de desempenho especificada pela direção da organização". Define os objetivos de desempenho do estoque. O nível de serviço com frequência é medido em termos de duração do ciclo do pedido, taxa de atendimento por unidade, taxa de atendimento por linha, taxa de atendimento por pedido ou de qualquer combinação entre estes indicadores. Completa Martins (2009, p. 202) que "o indicador de quão eficaz foi o estoque para atender às solicitações dos usuários. Assim, quanto mais requisições forem atendidas, nas quantidades e especificações solicitadas, tanto maior será o nível de serviço".

Ou seja, todo o esforço que é despendido em satisfazer e surpreender o cliente faz com que o aumento da qualidade do serviço seja refletido em parcerias mais longevas, parcerias estas que desenvolvem e aprimoram a cadeia de suprimentos dessas organizações.

4.3 FERRAMENTAS

Assim que o setor de análise de pedido der o aceite, iniciam-se os procedimentos de separação física das mercadorias. Para que o operador inicie a montagem do pedido do cliente, a empresa necessita de um meio de comunicação eficiente para que as informações sejam repassadas por completo. Para que essa atividade tenha êxito, alguns pontos deverão ser destacados, como:

- Quais mercadorias foram pedidas?
- Quais as respectivas quantidades?
- Quais são os endereços?
- Quem são os clientes?
- Qual a doca para expedição.

Além desses pontos, explica Salgado (2013, p. 76) que "a separação [...] depende diretamente da organização e da qualidade dos processos anteriores, principalmente do endereçamento, da armazenagem e da movimentação interna".

Assim, o avanço tecnológico e o dinamismo da comunicação evoluíram para uma maior celeridade e assertividade do atendimento. A seguir, serão apresentados algumas ferramentas que as empresas utilizam para essa tarefa.

4.3.1 ROMANEIO

O romaneio, ou mapa de pedido, é um documento que contempla as mercadorias pedidas. O separador, de posse desse documento, terá de montar o palete do pedido do cliente para ser expedido. O Quadro 4.1 apresenta um recorte de um romaneio de pedido da empresa Santa Clara.

Quadro 4.1. Romaneio de pedido

SANTA CLARA LTDA.

ROMANEIO DE PEDIDO

SEPARADOR: JOSÉ DA SILVA

DATA: 25/01/2019 NÚMERO DA SEPARAÇÃO: 13 DOCA: 02

Endereço	Produto	EAN	Embalagem	Qtde.	Cliente	Pedido
01.01.03.01.01	Copo americano 200 mL	789...	CX/12	003	COM. LTDA	243
03.03.05.02.01	Amaciante light 450 mL	789...	CX/12	005	COM. LTDA	243
04.04.02.03.02	Óleo de soja 900 mL	789...	CX/12	003	COM. LTDA	243
04.04.07.01.02	Grão de bico 500g	789...	FD/12	001	COM. LTDA	243
04.04.08.01.01	Sal refinado 1 kg	789...	FD/30	003	COM. LTDA	243
05.05.01.02.02	Copo desc. c/100 unidades	789...	CX/24	003	COM. LTDA	243
07.07.02.03.01	Carvão vegetal 8 kg	789...	UN	002	COM. LTDA	243

Note-se que o cabeçalho identifica o funcionário responsável pelo pedido (José da Silva), a data em que está sendo montado o pedido (25 de janeiro de 2019), o número de separação do dia (13, o que significa que esse atendimento é o 13º do dia), além da doca para expedição (02).

Esse modelo é simples de ser interpretado, pois cada coluna apresenta uma informação para análise. São elas:

- endereço: são informados os endereços onde as mercadorias estão. Perceba que eles são apresentados na ordem em que o separador deverá se deslocar;
- produto: descrição das mercadorias;
- EAN-13: código de barra da mercadoria;
- embalagem: como a mercadoria é movimentada;
- quantidade: a quantidade que o cliente solicitou de acordo com o tipo de embalagem da mercadoria;

- cliente: nome do cliente. Neste caso, todo o pedido foi para o mesmo cliente;[1]
- pedido: número do pedido que originou a tarefa. Esta coluna poderia ter outros números de pedidos feitos pelo cliente.

Hoje em dia, essas informações podem ser disponibilizadas não apenas em papel, mas por outros meios como o coletor de dados, que é o tema seguinte.

4.3.2 COLETOR DE DADOS

O coletor de dados é um equipamento eletrônico portátil que auxilia o operador nas mais diversas atividades da empresa. Uma das grandes funcionalidades é o desenvolvimento de toda a atividade de coleta das informações das mercadorias por meio do código de barras. Gaither e Frazier (2004, p. 445) lembram que "a utilização de sistemas de código de barras é cada vez mais comum, na medida em que as empresas tentam minimizar os erros de entrada de dados em registros de estoques".

Além disso, esse dispositivo oferece acesso ao estoque por meio de comunicação com o *warehouse management system* (WMS), seja via *wireless* ou por identificação por radiofrequência (RFID), substituindo por completo o romaneio impresso. Outras vantagens são: redução de custos operacionais não apenas de separação, mas de todo o processo de armazenagem, controle de saída e entrada de mercadorias e inventário. Entre as desvantagens estão a imprescindibilidade de utilização das mãos para acessar as informações necessárias à realização das atividades de separação e a necessidade de energia elétrica e manutenção especializada.

4.3.3 *PICKING BY VOICE*

Mais recente que os recursos anteriores, o *picking by voice* ou *voice picking* é a tecnologia utilizada atualmente para comunicação no departamento logístico. Essa ferramenta consiste na comunicação do sistema com o operador, o qual, por meio da utilização de um *headset*, terá um canal direto com o sistema. Nessa comunicação haverá instruções, em áudio, da ordem (endereço) e de quais mercadorias deverão ser separadas.

A grande vantagem desse recurso é a possibilidade de o funcionário ter as mãos livres para o manuseio das mercadorias na organização do palete do cliente. Seja qual for a forma de separação, a tarefa requer profissionais com habilidades como conhecimento de mercadorias e produtos, softwares (WMS), senso de responsabilidade, agilidade e atenção.

---

1 Em alguns casos, o relatório poderá ser gerado também com o código interno ou CNPJ, já que existem clientes com o mesmo nome (por exemplo, por serem filiais, caso em que o pedido seria entregue para a filial errada).

4.4 LOCALIZAÇÃO

A base da localização das mercadorias no armazém é o endereçamento. Como foi abordado no item 3.4, o dinamismo e a assertividade de atendimento são proporcionais à eficácia das regras adotadas pela empresa. Assim, completa Viana (2006, p. 352) que "o esquema de localização tem por finalidade estabelecer os meios necessários e possibilitar facilidades em identificar imediatamente o endereço da guarda do material".

Conhecer o mapa de endereços e as terminologias adotadas para a guarda das mercadorias permite à empresa potencializar as ações executadas. Por exemplo: imagine uma empresa com depósito montado com a seguinte estrutura: 20 porta-paletes simples, cada um deles subdividido em 10 colunas com 5 andares, e que cada um deles tem 2 apartamentos (o resumo está no Quadro 4.2).

Quadro 4.2. Total de endereços

Sigla	Significado	Quantidade
PP	Porta-palete	20
CL	Colunas	10
NA	Andares	05
AP	Apartamentos	02

Pergunta: quantos endereços este depósito tem para estocagem?

Basta multiplicarmos os dados mencionados:

20 PP × 10 CL × 5 AN × 2 AP = 2.000 endereços

Logo a quantidade de endereços disponíveis é de 2.000 espaços para armazenagem. Sem contar área de blocado e câmaras frigoríficas além de locais específicos, caso existam.

Tente estimar quanto tempo o separador levará procurando as mercadorias para atender a um pedido. Seria impossível tal atividade, por isso o WMS proporciona facilidade no ato da separação que é a criação de uma rota onde o separador percorrerá o menor tempo possível, com a indicação dos endereços, para atender ao pedido do cliente. Para aprofundar na questão devem-se considerar duas variáveis que afetam a orientação quanto ao atendimento do pedido: trajeto e sequência.

4.4.1 TRAJETO E SEQUÊNCIA

Por definição, trajeto é o caminho a ser percorrido e sequência é a ordem a ser seguida pelo operador na atividade de separação do pedido. Ao determinar qual o trajeto e sequência, permite-se potencializar o tempo de montagem do pedido; além disso, ao final da separação, a carga pode estar mais próxima da doca de expedição reservada. O programa de gestão de estoque citado por Brito Júnior e Spejorim (2012, p. 162, apud Petersen, Aase e Heiser, v. 34, n. 7, 1997) utiliza "[...] algoritmos desenvolvidos que otimizam o processo, reduzindo a distância total percorrida pelo operador".

Nessa mesma linha de pensamento, Ayres (2009, p. 245) afirma que "os sistemas de movimentação de materiais, visando maximizar a eficácia e reduzir custos operacionais, devem privilegiar [...] o deslocamento em distâncias mínimas possíveis".

Por exemplo: suponha que o pedido feito pelo cliente A contemple as seguintes cinco mercadorias marcadas em destaque na planta do depósito. A doca de expedição será a primeira no canto superior direito.

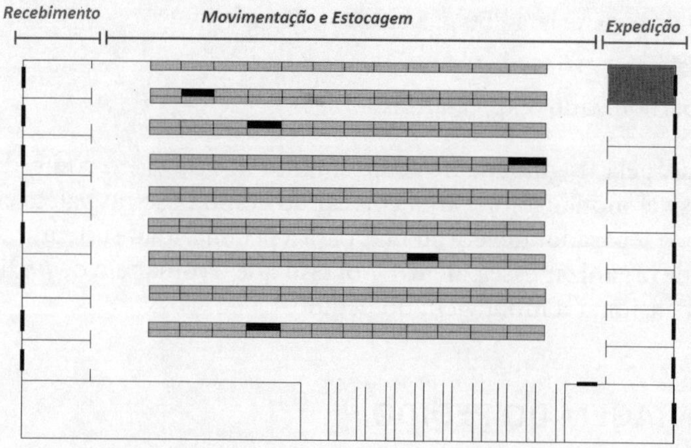

Figura 4.3. Mercadorias a serem separadas para atendimento de pedido.

Qual seria a ordem de endereços para que o separador pudesse terminar o mais perto possível da doca de expedição? De acordo com a disposição dos endereços já mencionados, deve-se iniciar partindo da mercadoria mais distante para a mais próxima da doca de expedição definida para o pedido. O trajeto e a sequência para atendimento deste pedido serão os exibidos na Figura 4.4.

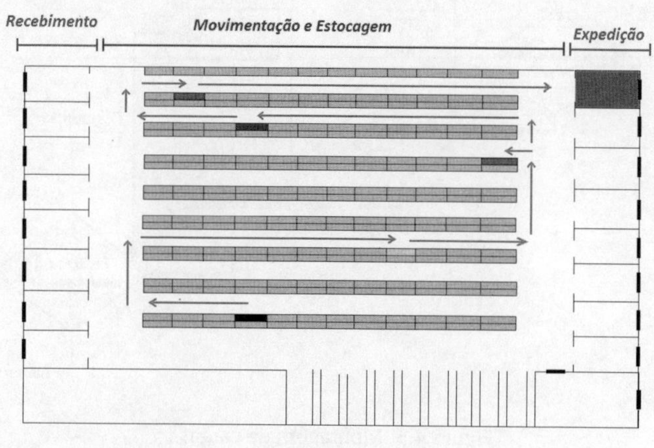

Figura 4.4. Rota e sequência para atendimento de pedido.

A ordem apresentada no exemplo segue a rota de menor distância para o percurso, e a sequência de 1 a 5 evidencia a ordem para montagem do pedido. Ao terminar com a última mercadoria (5), o separador já está no corredor que dará acesso à doca reservada para o transporte. Apesar da indicação da ordem de atendimento, isso não quer dizer que as mercadorias serão montadas nessa ordem. Mercadorias robustas que podem servir de base para outras mais frágeis devem ser utilizadas inicialmente.

Considere, por exemplo, que as mercadorias a seguir foram destacadas para serem separadas:

1. Copo americano de vidro de 200 mL: 10 caixas.
2. Copo descartável de plástico de 300 mL: 2 caixas.
3. Extrato de tomate lata 250 g: 5 caixas.
4. Pó de café 250 g: 6 fardos.
5. Arroz parboilizado 5 kg: 5 fardos.

Nota-se que, pela fragilidade dos copos, tanto dos de vidro como dos de plástico, seria inadmissível montar uma carga colocando como base no palete esses produtos. Por essa razão, o separador deverá atentar para a peculiaridade estrutural de cada mercadoria a fim de organizar esse palete. É por isso que o romaneio de pedido permite ao separador dimensionar a montagem do pedido.

4.5 MONTAGEM DO PEDIDO

Para iniciar a separação do pedido, o funcionário responsável se deslocará para todos os endereços onde se encontram as mercadorias pedidas e, com a utilização de um palete ou embalagem específica, começará a montar a carga com as quantidades solicitadas. A atividade poderá ser estruturada em alguns passos.

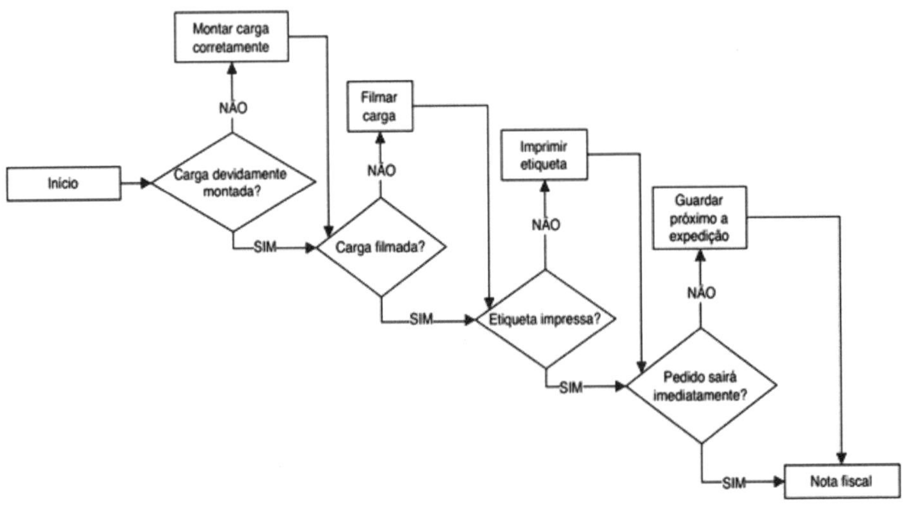

Figura 4.5. Montagem de cargas.

— A carga está devidamente montada? Estruturar a carga para que as mercadorias que suportam peso fiquem na parte de baixo. Uma fonte segura que indica o peso suportado dos produtos são as informações nas embalagens dos próprios produtos. Outro ponto é que mesmo que as mercadorias aguentem certo peso, deve-se atentar quanto à altura máxima da carroceria do veículo usado para transporte.

— A carga está filmada? Nesta etapa, é necessário a filmagem da carga quando da utilização de paletes. Esse processo consiste em envolver as mercadorias paletizadas com um filme *stretch*[2] que proporcionará segurança e firmeza durante o transporte. Pode-se fazer isso manualmente ou por meio de máquinas filmadoras.

— A etiqueta foi impressa? É usual a impressão de uma etiqueta ou ficha de identificação, que será afixada na mercadoria do(s) palete(s), com os seguintes dados: nome do cliente, nome do separador, data e número de pedido. Com isso, a carga poderá ser fácil e visualmente distinta de outras.

— O pedido sairá imediatamente? É importante saber quando a carga será expedida. Seguem algumas considerações quanto ao faturamento da nota fiscal para o cliente:

- Se a mercadoria for expedida logo ao término da montagem dos paletes, a empresa poderá faturar a nota fiscal para o cliente.
- Caso a mercadoria não seja despachada exatamente após a separação do pedido, deve-se mantê-la separada numa área próxima à expedição (é preciso cuidado aqui para que essa carga não se misture com outras que irão para outros clientes) e apenas no momento em que for expedida é que a empresa fatura a nota fiscal de saída.

O importante é definir previamente todas as ações, já que um descuido nesta fase, mesmo que pequeno, pode pôr tudo a perder.

Observação: estas são apenas algumas opções. A adequação da melhor ação fica condicionada aos recursos disponíveis na empresa, como espaço físico, mão de obra, softwares, troca de turnos, entre outros.

4.6 PRINCIPAIS ERROS NA SEPARAÇÃO DE PEDIDO

Nem tudo são flores no departamento de logística. As rotinas podem ser excelentes no papel, mas a prática no dia a dia apresenta "emoções" que afetam a prática de separação de pedidos. Independentemente do erro, a falha sempre acaba afetando a operação da empresa. Por isso, a adoção de auditorias operacionais internas condiciona o gestor a identificar falhas que os processos não detectam. Alguns exemplos são:

---

[2] Tipo de plástico resistente que protege e envolve mercadorias para que não se movimentem durante o transporte.

- mercadoria indicada para separação, mas não se encontra no endereço informado;
- separação errada de mercadoria (tipo e quantidade);
- montagem de palete com mercadorias frágeis na parte de baixo;
- envio de mercadoria para clientes que não as pediram ou em quantidades inferiores.

Esses exemplos são simples diante da variedade e quantidade de atividades existentes nos depósitos, mas mapear os processos e certificar-se de que estão sendo executados como previsto é parte inerente da rotina do gestor de estoque.

4.7 CUSTO DE PEDIDO

É imperativo o conhecimento de quanto custa atender a um pedido. A não identificação dessas informações pode levar o gestor à tomada de decisões equivocadas, e é por isso que é premissa básica o conhecimento e a gestão dos custos inerentes a todos os processos da empresa. Tadeu (2010, p. 27) cita, por exemplo, "o pagamento de pessoal da área de pedido, material circulante e de gerenciamento das informações que são transmitidas, constituindo um custo administrativo para a empresa".

O gestor deverá agir sempre para controlar e reduzir os custos que podem tornar as atividades onerosas para a empresa. A fiscalização das rotinas permite manter esses custos em margens aceitáveis.

4.8 PRIORIZAÇÃO DE PEDIDO

É certo que em um depósito vários pedidos são atendidos simultaneamente. Nesse cenário, definir critérios de priorização desses pedidos é vital para a boa fluidez das ações internas da empresa. Então, como identificar a razoabilidade desses critérios? Não existe uma resposta certa, embora o bom senso e a adoção de critérios que considerem os recursos disponíveis na empresa sejam um bom começo.

Frente a essa situação, enfatiza Ballou (2012, p. 276) que "estabelecer regras de priorização para rotinas de processamento de pedidos significa reconhecer que alguns pedidos são mais importantes que outros para a empresa". Uma questão para análise é: imagine que o depósito tem certa quantidade de estoque de mercadoria para atender a um único pedido. Nesta data, porém, dois clientes pediram a mesma quantidade de mercadoria. Surgem então as seguintes dúvidas:

- O que o gestor deverá fazer?
- Qual critério deve ser utilizado nessa situação?
- E quais critérios o gestor deveria criar para responder a outras situações?

Vejamos alguns deles:

- aceitar o pedido do cliente que solicitou primeiro;
- aceitar o pedido do cliente mais antigo;
- aceitar o pedido do cliente que mais comprou;
- aceitar o pedido do cliente que nunca esteve inadimplente com a empresa.

Esta lista é puramente exemplificativa, mas a adoção de critérios permite à empresa gerenciar as situações e tomar decisões mais precisas. Mesmo com critérios definidos, pode ocorrer de dois ou mais clientes cumprirem por igual os requisitos exigidos. A empresa pode adotar critérios diferentes em casos diferentes.

Por exemplo: ao decidir aceitar o primeiro critério, atendendo o cliente que pediu primeiro, constatou-se que ele já teve algumas faturas em atraso. O segundo cliente que solicitou a mercadoria está em dia e inclusive paga de forma adiantada as compras, embora estas não ocorram com frequência. O que fazer?

Independentemente de quais critérios serão utilizados, o gestor deve considerar, além destes, tantos outros que poderão ser adequados à realidade da empresa. Outras questões devem ser ponderadas que afetam o atendimento aos clientes, como entressafra, sazonalidade, situações econômicas e mesmo questões tributárias. Não há uma fórmula, e sim uma análise criteriosa que promova e fortaleça os laços comerciais entre os parceiros de negócios.

Essas são algumas das situações que proporcionam entraves internos e externos. No âmbito interno, a operação do processo poderá gerar gargalos quando se adotam critérios subjetivos que resultam em atrasos no atendimento ao pedido. Já no âmbito externo, pode haver questões que põem em xeque as relações comerciais, com o comprometimento da credibilidade junto aos clientes, resultando em perdas de negócios e cancelamentos de pedidos. Fato é que problemas ocorrem, de modo que o gestor deve ter sempre um plano de contingência para solucioná-los.

4.8.1 SALDO DE PEDIDO DE CLIENTES

De forma análoga ao que foi tratado no item 2.2.1.3, "Saldo de pedido de fornecedores", essa questão também é tratada no atendimento de pedidos de clientes. O cliente efetua um pedido e este é enviado em partes e em momentos distintos. O fracionamento da carga pode se justificar tanto por motivos da empresa fornecedora quanto do cliente, como:

- o cliente não tem espaço suficiente para a guarda desse estoque comprado;
- o fornecedor não tem disponibilidade de estoque para atendimento total;
- a quantidade pedida não é contemplada em uma única viagem e, por isso, será entregue em outras viagens etc.

O Quadro 4.3 apresenta um modelo de relatório de atendimento de pedido evidenciando alguns saldos de algumas mercadorias que serão expedidas posteriormente.

Quadro 4.3. Saldo de pedido

EMPRESA XYZ LTDA.

RELATÓRIO DE SALDO DE PEDIDO

Pedido	Cliente	Mercadoria	Qtde. pedida	Qtde. expedida	Saldo
234	Central Ltda.	Arroz parboilizado 5 kg	100 fardos	100 fardos	–
234	Central Ltda.	Ref. Guaraná 350 mL	100 fardos	50 fardos	50 fardos
234	Central Ltda.	Ext. tomate 200 g	60 caixas	30 caixas	30 caixas
234	Central Ltda.	Copo descartável c/ 100 unidades	10 caixas	6 caixas	4 caixas

O importante é definir que no atendimento do pedido haverá saldo remanescente para ser enviado posteriormente. Nota-se que o pedido 234 não foi atendido por completo. Os saldos remanescentes das mercadorias (refrigerante Guaraná de 350 mL, extrato de tomate de 200 g e copo descartável com 100 unidades) serão atendidos não por um novo pedido, mas sim por aquele que ainda falta ser entregue (pedido 234). Esse exemplo de romaneio de pedido que é entregue ao separador é da quantidade a ser expedida (Quadro 4.3, penúltima coluna).

A informação do saldo deve ser gerenciada no sistema WMS, visto que há a necessidade de montar outra carga contemplando o saldo restante das mercadorias. Isso quer dizer que o cliente (Central Ltda.) terá remessas futuras para completar o pedido original. No exemplo anterior, haverá nova remessa (última coluna), mas não um novo pedido. Além disso, o saldo a ser expedido já será de conhecimento do cliente antes mesmo da mercadoria ser recebida por ele. Situações como essas devem de estar acordadas no contrato de negociação.

4.9 RESUMO

Este capítulo apresentou as práticas operacionais existentes nas etapas de atendimento de pedido e montagem de cargas. Fica clara a necessidade de definição de rotinas para recepção e envio de mercadorias para clientes externos e internos. Outro ponto a salientar é a consideração de previsão do prazo para atendimento dos pedidos. O uso de tecnologias de comunicação entre os mais diversos setores da logística permite aprimorar os processos de separação e montagem, além de reduzir os erros. A adoção de critérios de priorização de pedidos permite à empresa melhorar as práticas operacionais junto aos clientes, pois em momentos distintos haverá saldo de estoque a expedir (item 4.8.1).

4.10 DIAGRAMA DO CAPÍTULO

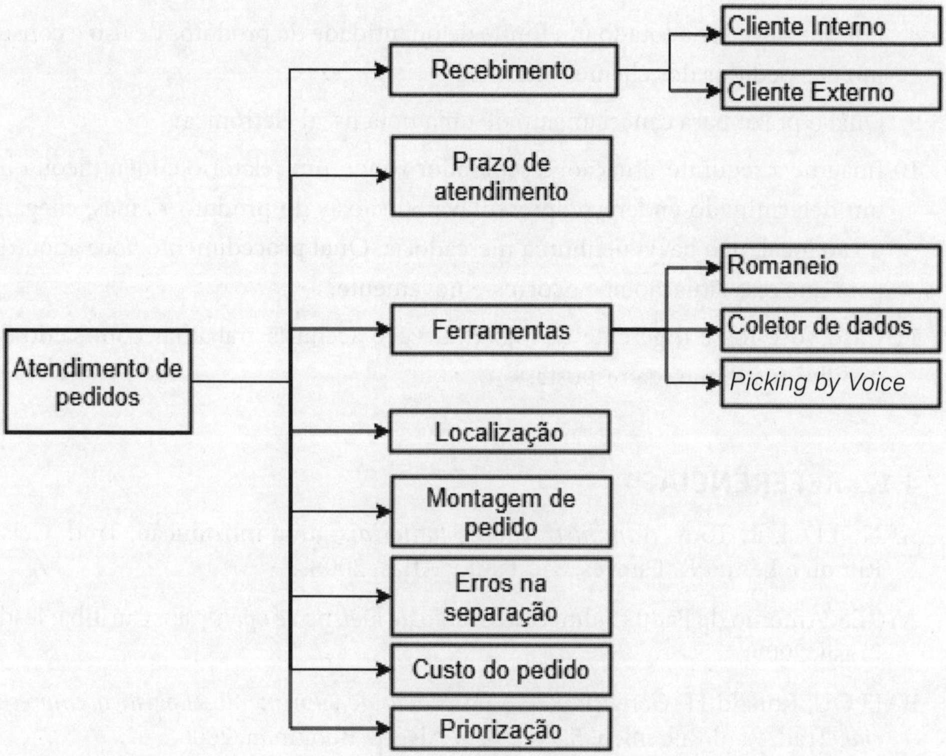

4.11 EXERCÍCIOS DE FIXAÇÃO

1. Defina pronta entrega.
2. Quais habilidades um separador de pedidos deve ter?
3. Qual a vantagem comercial de exigir do cliente um pedido com quantidades ou valores mínimos?
4. Quais procedimentos você adotaria para montar um local reservado a produtos de uso e consumo?
5. Além das vantagens apresentadas sobre o uso do coletor de dados, quais outras podem ser destacadas?
6. Qual o principal motivo para se transportar cargas filmadas?

7. Imagine a seguinte situação: no seu armazém, você disponibiliza a quantidade do produto X para atender seus clientes por um mês, como de costume. O prazo do fornecedor (indústria) para atender você é de um mês. Certo dia, um cliente lhe faz um pedido que contempla todo o seu estoque do produto X, deixando assim os demais clientes desabastecidos. Você atenderia esse único cliente? Justifique sua resposta.
8. Por que deve ser adotado um limite de quantidade de produtos de uso e consumo nos pedidos dos clientes internos?
9. Qual o prazo para cancelamento de uma nota fiscal eletrônica?
10. Imagine a seguinte situação: o separador rodou um relatório e identificou que um determinado endereço apresentava 60 caixas do produto Z, mas, chegando ao local, não havia nenhuma mercadoria. Qual procedimento você adotaria para que essa situação não ocorresse novamente?
11. Caso você fosse o gerente de logística, você aceitaria trabalhar com saldo de pedido? Justifique sua resposta.

4.12 REFERÊNCIAS

ARNOLD, J. R. Tony. *Administração de materiais*: uma introdução. Trad. Celso Rimoli e Lenita R. Esteves. São Paulo: Atlas, 2008.

AYRES, Antônio de Pádua Salmeron. *Gestão de logística e operações*. Curitiba: Iesde Brasil, 2009.

BALLOU, Ronald H. *Gerenciamento da cadeia de suprimentos/Logística empresarial*. Trad. Raul Rubenich. 5. ed. Porto Alegre: Bookman, 2006.

______. *Logística empresarial*: transportes, administração de materiais e distribuição física. Trad. Hugo T. Y. Yoshizaki. São Paulo: Atlas, 2012.

BOWERSOX, Donald J. *et al. Gestão logística da cadeia de suprimentos*. Trad. Raul Claudio de Queiroz Faria. 4. ed. Porto Alegre: Bookman, 2014.

BRASIL. Ministério da Infraestrutura. *Síntese:* setor rodoviário. Brasília, DF: Ministério da Infraestrutura, 2 set. 2020. Disponível em: http://www.gov.br/infraestrutura/pt-br/assuntos/dados-de-transportes/dados-de-transportes/sintese-rodoviario. Acesso em: 7 jun. 2021.

BRITO JÚNIOR, Irineu de; SPEJORIM, Washington. *Gestão estratégica de armazenagem*. Curitiba: Iesde Brasil, 2012.

DIAS, Marco Aurélio P. *Administração de materiais*: uma abordagem logística. 5. ed. São Paulo: Atlas, 2010.

GAITHER, Norman; FRAZIER, Greg. *Administração da produção e operação*. Trad. José Carlos Barbosa dos Santos. 8. ed. São Paulo: Cengage Learning, 2004.

ISNARD, Marshall Junior *et al. Gestão da qualidade e processo.* Rio de Janeiro: FGV, 2012.

MARTINS, Petrônio Garcia; ALT, Paulo Renato Campos. *Administração de materiais e recursos materiais.* 2. ed. São Paulo: Saraiva, 2009.

NOVAES, Antônio Galvão. *Logística e gerenciamento da cadeia de distribuição*: estratégia, operação e avaliação. 4. ed. rev. atual. e aum. Rio de Janeiro: Elsevier, 2015.

SALGADO, Tarcísio Tito. *Logística*: práticas, técnicas e procedimentos de melhoria. São Paulo: Senac São Paulo; Rio de Janeiro: Senac Nacional, 2013.

TADEU, Hugo Ferreira Braga. *Gestão de estoques*: fundamentos, modelos matemáticos e melhores práticas aplicadas. São Paulo: Cengage Learning, 2010.

VIANA, João José. *Administração de materiais*: um enfoque prático. São Paulo: Atlas, 2006.

CAPÍTULO 5
EXPEDIÇÃO

Este setor é o último em que as mercadorias passarão antes de serem entregues aos clientes. Sendo um setor de grande destaque, o objetivo principal desta etapa é a conferência física e documental do pedido feito pelo cliente, pois, assim como na entrada, há a necessidade de averiguar com exatidão todas as mercadorias que estão saindo do depósito.

Para que as operações ocorram de forma produtiva, é necessário ter um profissional qualificado. Esse profissional atua como um interlocutor entre os motoristas, separadores e a própria empresa, contribuindo com as normas de saída de mercadorias para os caminhões. A depender do porte da empresa e da definição dos processos de expedição, é imperativa a definição de quem são os responsáveis por atuar nesse setor.

Assim, afirma Tadeu (2010, p. 263) que "a etapa de expedição é de grande relevância para fins operacionais, para se delinear com clareza os limites das competências entre o pessoal que cuida da movimentação e da conferência física e os que gerem a parte fiscal".

Entender a estrutura física existente na expedição permite compreender a relevância desse setor para a empresa. A seguir serão apresentadas questões ligadas diretamente ao setor de expedição.

5.1 DOCAS DE EXPEDIÇÃO

A estrutura de expedição se assemelha à do recebimento, mas o propósito agora é a conferência da mercadoria para envio ao cliente. Tendo em mente que nem todos os depósitos têm docas de recebimento e de expedição distintas, fazem-se necessárias algumas observações para entendimento e aprimoramento do processo de expedição.

5.1.1 EXPEDIÇÃO E RECEBIMENTO NA MESMA DOCA E NO MESMO TURNO

Nesta primeira situação, os eventos de recebimento e a expedição de mercadorias ocorrem no *mesmo turno* e na *mesma doca*. Alguns motivos podem justificar isso:

- não há a necessidade de trabalhar em mais de um período; ou
- o galpão não foi construído para ter docas distintas de entrada e saída.

Quadro 5.1. Mesma doca e mesmo turno

Recebimento e expedição?	Mesmo turno?
Sim	Sim

Um ponto importante é com relação à concentração de funcionários de recebimento e expedição juntos. Caso não haja procedimentos claros e precisos, o resultado pode ser atrasos e erros que afetarão as duas atividades. Duas preocupações e suas respectivas soluções são exploradas a seguir.

- Como separar fisicamente as mercadorias para que não se misturem?

Uma solução para isso é a criação de divisórias (grades) cujas laterais possam ser utilizadas para a separação. Como mostra a Figura 5.1, é perceptível a praticidade da separação da doca, pois de um lado ficam as mercadorias para serem conferidas ou endereçadas, isto é, mercadorias que estão dispostas para entrar no depósito, e do outro lado as mercadorias que estão aguardando para serem expedidas, isto é, mercadorias que sairão para clientes.

Figura 5.1. Mesma doca para recebimento e para expedição durante o mesmo turno. (1) Área destinada à conferência e movimentação tanto de entrada quanto de saída de mercadorias; (2) área destinada aos produtos que serão endereçados; (3) área destinada aos produtos que serão expedidos.

Usando as laterais para a guarda temporária, a empresa atua com assertividade e sincronia, diminuindo eventuais problemas. Para Alvarenga e Novaes (2000, p. 138), "a vantagem de se juntar na mesma doca a recepção e o despacho de mercadorias é o melhor aproveitamento das posições de acostagem de caminhões. [...] por outro lado, a conjugação dos dois processos numa só plataforma pode diminuir bastante a extensão total da plataforma".

- Como organizar funcionários (recebimento e expedição) em um ambiente reduzido?

Para isso, é vital a adoção de um fluxo operacional para otimizar o espaço. Com isso, os funcionários necessitam compreender todos os pontos para não criar gargalos. Esse dinamismo deverá ser bem estudado e trabalhado, pois a concentração de funcionários propicia conversas no ambiente passíveis de provocar dispersões que poderão provocar erros nas ações tanto na entrada como na saída.

5.1.2 EXPEDIÇÃO E RECEBIMENTO NA MESMA DOCA, MAS EM TURNOS DIFERENTES

Nessa situação, haverá momentos distintos para recebimento e outro para expedição. Isso facilita tanto a fluidez das rotinas operacionais quanto o fluxo de funcionários e, obviamente, a não interferência um no outro.

Quadro 5.2. Mesma doca, turnos diferentes

Recebimento e expedição?	Mesmo turno?
Sim	Não

Nesse cenário, é aconselhável atentar para que no momento da troca dos turnos não fiquem mercadorias sem destinação, quer na entrada, para endereçamento, ou na saída, para expedição.

Por exemplo: se após o término do primeiro turno (recebimento) ainda ficarem mercadorias para serem endereçadas e tiver início o segundo turno (expedição), essas mercadorias podem ser misturadas às unidades a serem expedidas.

Talvez a empresa possa definir um procedimento operacional padrão no qual só haverá o início do segundo turno quando não houver mais mercadorias nas áreas de conferência.

Nesse caso, como há turnos diferentes para ambas as atividades, de entrada e saída de mercadorias, toda a área reservada será destinada à conferência.

Figura 5.2. Doca e área de conferência.

5.1.3 DOCAS DISTINTAS

Quando a doca de expedição se encontra em outro local do depósito, o risco de misturar as mercadorias é zero. Nesse caso, o fluxo de expedição é rápido, visto que não há mercadorias neste setor que não sejam destinadas para atendimento dos pedidos dos clientes. Uma questão relevante que também se aplica aos demais tipos de operação é o cuidado para não enviar pedidos trocados para clientes.

Observação: para as cargas refrigeradas e congeladas, a transição das câmaras frigoríficas para os caminhões específicos deve ser feita imediatamente. Deixar produtos com essas características em ambientes inadequados pode resultar em perda da qualidade, além de contaminação. Para que o trajeto seja o menor possível, aconselha-se utilizar a doca de expedição mais próxima da câmara.

Quadro 5.3. Docas distintas

Recebimento e expedição?	Mesmo turno?
Não	Independe

A disposição de docas distintas revela que a empresa possui uma estrutura maior para realização das atividades internas. A Figura 5.3 possibilita visualizar a dimensão e a peculiaridade em disponibilizar áreas de conferências para entrada e saída de mercadorias. Com isso, o fluxo operacional de expedição e o recebimento ocorrem simultaneamente.

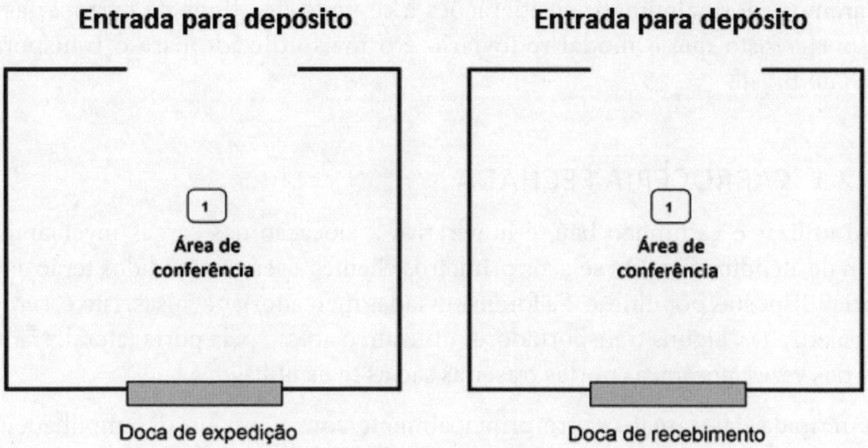

Figura 5.3. Docas distintas.

5.2 MONTAGEM DE CARGAS

Após a separação dos pedidos feitos pelos clientes, inicia-se o procedimento de montagem de cargas. Montar a carga consiste em disponibilizar as mercadorias nos veículos que irão transportá-las aos clientes.

Compreender a nomenclatura relacionada aos veículos de transporte terrestre é importante para o conferente de expedição. O Quadro 5.4 resume alguns desses termos.

Quadro 5.4. Nomenclatura relacionada a veículos terrestres

Termo	Descrição
Tara	Peso próprio do veículo, acrescido dos pesos da carroceria e equipamento, do combustível, das ferramentas e acessório, da roda sobressalente, do extintor e do fluido de arrefecimento, expresso em quilogramas.
Lotação	Carga útil máxima, expressa em quilogramas, incluindo o condutor e os passageiros que o veículo pode transportar no caso de veículos de carga e tração, ou o número de pessoas no caso de veículos de transporte coletivo de passageiros.
Peso bruto total	Peso máximo que o veículo transmite ao pavimento, consistindo na soma da tara mais a lotação.
Peso bruto total combinado	Peso máximo que pode ser transmitido ao pavimento pela combinação de um veículo de tração ou de carga, mais seu(s) semirreboque(s), reboque(s), respeitada a relação potência/peso, estabelecida pelo INMETRO.

Fonte: Adaptado de Guia do TRC.

Faremos agora algumas considerações a respeito dos tipos de carrocerias para transporte, visto que o modal rodoviário é o mais utilizado para o transporte de cargas no Brasil.

5.2.1 CARROCERIA FECHADA

Ao utilizar o caminhão baú, é imperativa a alocação das cargas inversamente à ordem de atendimento. Ou seja, os primeiros clientes a serem atendidos terão as mercadorias dispostas por último. Se forem enviadas mercadorias avulsas, isto é, sem estarem paletizadas, alguns transportadores utilizam o acesso pela porta lateral. Na maior parte das vezes, porém, as portas traseiras são as mais utilizadas.

A retirada das cargas ocorre principalmente com o auxílio da empilhadeira ou paleteira.

5.2.2 CARROCERIA ABERTA

Como há a possibilidade do carregamento e descarregamento pelas laterais, pode-se dispor das cargas dos clientes sem a necessidade de inversão da ordem de entrega. Mas a condição é que, à medida que forem entregues as cargas, as remanescentes permaneçam agrupadas ou até mesmo sejam rearranjadas na carroceria. Além da segurança das cargas, há a preocupação com a segurança do próprio veículo, já que, se a carga não estiver bem firme, poderá ocasionar acidentes.

5.2.3 EQUIPE DE EXPEDIÇÃO

Como as atividades de separação e atendimento de pedidos estão, intrinsecamente, próximas das atividades de montagem das cargas no setor de expedição, as empresas poderão optar por ter a mesma equipe ou equipes distintas. O que deve ficar claro é que quando a empresa utiliza a mesma equipe para ambas as rotinas (o que ocorre em empresas de menor porte), é necessário a utilização de procedimentos precisos para que não haja gargalos, como:

- mercadorias separadas e não expedidas;
- início do procedimento de expedição sem que se tenha todo o pedido separado;
- carga montada, mas não conferida;
- envio de parte da carga, deixando a outra parte para trás.

O cliente percebe a qualidade das atividades exercidas pela empresa. Conforme o consumidor se torna mais exigente, pequenas falhas nos processos podem desencadear enormes insatisfações. Para Oliveira (2013, p. 7), "o atual cenário empresarial está demonstrando que o novo foco do poder está se direcionando para a ponta do processo logístico da empresa, ou seja, o consumidor final [...]".

Para contextualizar, será utilizado aqui um cenário no qual um veículo terá alocados três pedidos de clientes distintos. Cada cliente teve seu pedido atendido em dois paletes cada um.

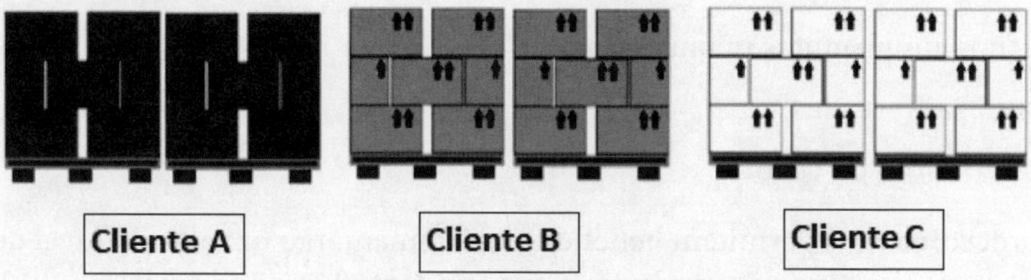

Figura 5.4. Pedidos de clientes.

Quando foi montada a rota, percebeu-se que a entrega atenderia clientes em cidades diferentes: partindo do depósito, o cliente A está a 40 km de distância, o cliente C, a 25 km de distância, e o cliente B, a 10 km de distância. Notou-se que, para atendê-los, o caminhão baú utilizará uma rodovia que liga as três cidades; logo, ocorrerá a entrega primeiramente do cliente B, seguido do cliente C e posteriormente o cliente A. A Figura 5.5 ilustra essa ordem de atendimento partindo do depósito.

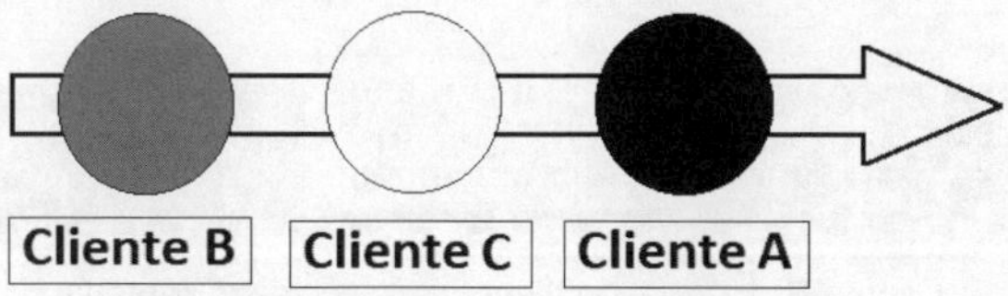

Figura 5.5. Ordem de entrega dos pedidos.

A Figura 5.6 ilustra a disposição das cargas dos pedidos na carroceria baú.

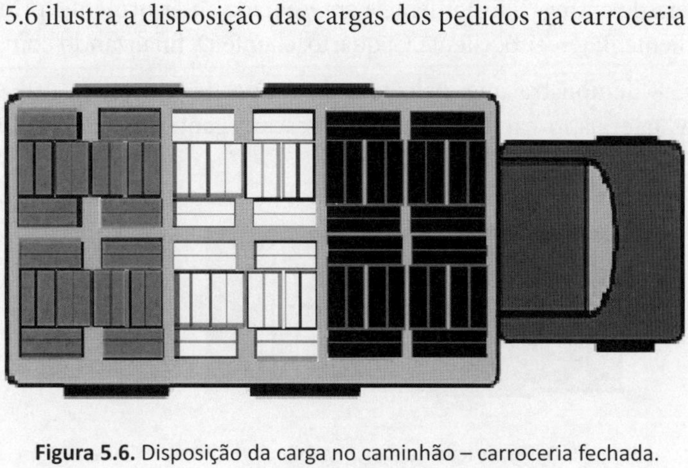

Figura 5.6. Disposição da carga no caminhão – carroceria fechada.

Ao adotar esse procedimento lógico, fica nítida a importância de dispor os paletes no caminhão de acordo com a ordem inversa de entrega dos pedidos. Sem esse cuidado, podem ocorrer situações como:

- atraso na entrega;
- danos aos produtos manuseados;
- entregas trocadas;
- insatisfação de clientes.

Os procedimentos permitem benefícios que fomentarão um alto do nível de serviço apresentado na etapa de expedição, o que leva Brito Júnior e Spejorim (2012, p. 21) a afirmar que "a utilização de embalagens de unitização também proporciona ganhos no carregamento do veículo, bem como na descarga no destino".

É por isso que a utilização de embalagens no processo de expedição, não como apenas um embrulho, mas como diferencial competitivo e de segurança, torna o processo de entrega mais seguro e ágil. Paoleschi (2009, p. 117) classifica as embalagens em "embalagens para o consumidor, com ênfase em marketing, e embalagens industriais, com ênfase na logística". Em contrapartida, Ballou (2012, p. 104) lembra que "a embalagem representa um custo adicional para a firma. Esse custo é compensado na forma de fretes e custos de estoques menores, além de menor número de quebras".

Outro exemplo: suponha que há uma nova montagem de carga, conforme a Figura 5.7.

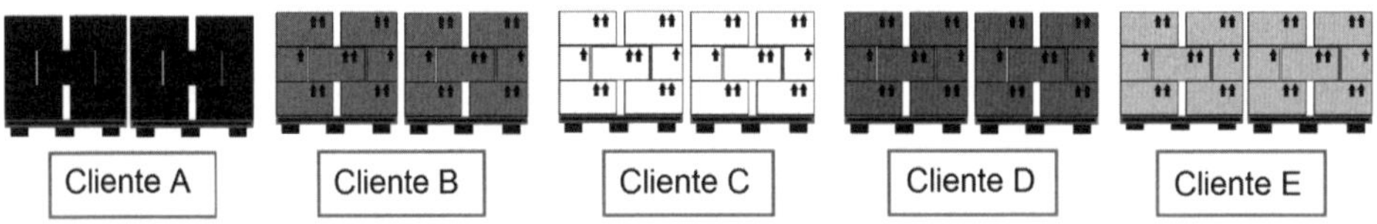

Figura 5.7. Pedidos de clientes.

Para acomodação da entrega, a empresa decide utilizar um caminhão com carroceria aberta. A ordem de entrega é justamente a apresentada anteriormente: primeiro, cliente A; segundo, cliente B; terceiro, cliente C; quarto, cliente D, finalizando com o cliente E.

A Figura 5.8 demonstra que, pelo fato de o tipo de carroceria utilizada facilitar o acesso pelas laterais, o carregamento e o descarregamento serão feitos com mais agilidade.

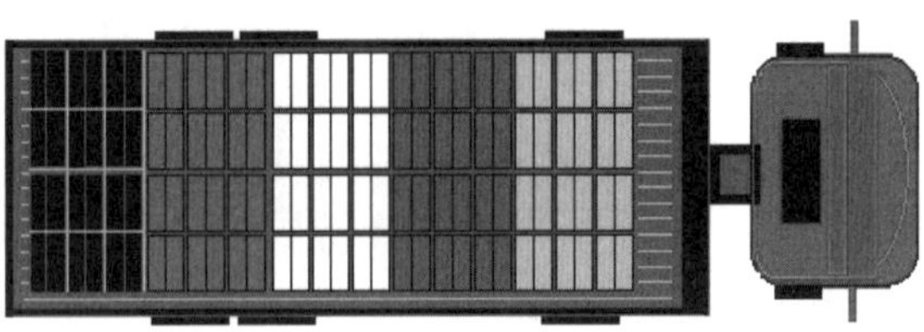

Figura 5.8. Disposição da carga no veículo – carroceria aberta.

A distribuição uniforme da carga, sem sobrecarregar os eixos ou as laterais, proporciona segurança na dirigibilidade, além de uma melhor frenagem e conservação da própria estrutura do veículo.

Outra ferramenta que impulsiona a arrumação da carga é a adoção de um software de montagem de carga. Esse programa confere celeridade e assertividade a todo o processo de cargas nos caminhões. Além disso, alguns exemplos de programas que o mercado oferece controlam questões como: distribuição correta do peso na carroceria para não dificultar a direção e aumentar o desgaste do veículo; definição do tipo de caminhão em função do tipo de mercadoria; cálculo de cubagem; recebimento de informações de rota, entre outras.

5.3 OUTROS PROCEDIMENTOS DO SETOR DE EXPEDIÇÃO

De acordo com o porte da empresa e os recursos disponíveis a ela, alguns procedimentos deverão ser considerados para contornar possíveis falhas nas atividades. Frente a esse cenário, o setor deverá evidenciar algumas questões como as exploradas a seguir.

5.3.1 A CARGA ESTÁ DEVIDAMENTE SEPARADA E INDICADA?

O conferente de expedição deve certificar que o pedido esteja identificado. Isso significa que toda a carga disponibilizada para embarque terá a etiqueta ou ficha "A etiqueta foi impressa?" (como descrevemos no item 4.5 – "Montagem do pedido". Não se poderá correr o risco de o pedido ainda não ter sido completamente separado e já ter sido destinado à expedição para despacho.

Um ponto a destacar é a possibilidade de as mercadorias se contaminarem durante o transporte. O fato de as cargas estarem devidamente separadas não significa que todas possam ser colocadas no mesmo caminhão. Por isso, é importante a montagem da carga levando-se em conta, também, as características dos produtos que serão transportados. É o que também pontuam Alvarenga e Novaes (2000, p. 93) sobre "a importância da compatibilidade entre produtos de naturezas diversas".

Diante de um cenário como esse, os gestores deverão propor um plano de ação para identificar possíveis contaminações de mercadorias durante o transporte, mesmo antes de a carga estar disponível para embarque. Talvez essa ação possa ser aplicada ainda na fase de montagem dos paletes dos pedidos dos clientes, quando já se sabe o que será expedido.

5.3.2 O CAMINHÃO ESTÁ DEVIDAMENTE INDICADO?

Essa indicação baseia-se na colocação das mercadorias corretas nos caminhões que foram separados para a entrega. Pode parecer óbvio, mas existem empresas com frotas de dezenas de veículos e que atendem todo o território nacional. Imagine uma mercadoria destinada ao cliente A, localizado no estado de São Paulo, ser colocada no veículo que está indo para Salvador? Ou seja, todo o cuidado dispendido pela empresa em separar e montar o pedido seria desperdiçado se, no momento de entregar a mercadoria, ela fosse parar em outro destino.

Outro ponto relevante é a utilização do caminhão correto para o tipo de carga e a capacidade necessária para transporte.

5.3.3 A CARGA ESTÁ DEVIDAMENTE DOCUMENTADA?

Para que não haja mercadoria desacobertada por uma nota fiscal, é necessário averiguar este documento, a fim de não se incorrer em uma infração penal, que é a falta de documento comprobatório da circulação de produtos. Além da nota fiscal, outros documentos podem ser necessários, como identificação do separador, frete e a guia nacional de recolhimento estadual (GNRE).

Essas situações reforçam o propósito da busca pela melhoria constante para surpreender o cliente. Não é de espantar que nos dias de hoje nossos clientes tenham acesso a muitas informações sobre a qualidade de nossos serviços. Assim, Bowersox e Closs (2007, p. 78) afirmam que a "noção de um atendimento de pedido perfeito exige a capacidade da prestação de serviço ao cliente, em termos de disponibilidade e desempenho operacional, para sincronizar atividades".

Para que as ações sejam sempre executadas em consonância com o planejamento da empresa, pode-se criar um *checklist* contendo todas as etapas, com o objetivo de que nada seja esquecido.

5.3.4 *CHECKLIST*

Uma das premissas de um excelente trabalho realizado é a entrega em sua totalidade. Qualquer atividade é composta de pequenas ações. Por isso, o *checklist* é uma ferramenta simples, mas eficiente. Esse procedimento consiste em elencar todas as atividades que deverão ser realizadas.

O Quadro 5.5 ilustra a composição de um *checklist*. Como exemplo, será utilizada a primeira pergunta do item 5.3.1 – "A carga está devidamente separada e indicada?", anteriormente comentada.

Quadro 5.5. Exemplo de *checklist*

Atividade	Composição	Sim	Não
A carga está devidamente separada e indicada?	Ficha ou etiqueta de montagem do pedido		
	Paletes do pedido estão na doca para carregamento		
	Mercadoria filmada		

Atividade	Composição	Sim	Não
A carga está devidamente separada e indicada?	Mercadoria refrigerada		
	Mercadoria congelada		
	Mercadoria avulsa		
	Prioridade de entrega		

Após a confirmação de que todas as ações que compõem a expedição foram verificadas, o conferente finaliza a atividade proposta. Caso algumas dessas ações ainda estejam pendentes, a atividade "A carga está devidamente separada e indicada" não estará finalizada e não se poderá seguir para a próxima etapa, que seria o próprio carregamento no caminhão.

A criação e utilização de um *checklist* proporciona maturidade operacional e até mesmo gerencial, visto que sua simplicidade é enorme. Como muitos desconsideram o poder dessa ferramenta, falhas acontecem. Ele pode ser feito em uma folha impressa a partir de um arquivo acessado pelo coletor ou *tablet*. Esse mecanismo pode e deve ser utilizado em qualquer rotina dentro das empresas, independentemente do porte e da disponibilidade de recursos tecnológicos e financeiros.

Uma questão levantada por Araújo, Garcia e Martines (2017, p. 93) é que "um processo tende a ter sua maturidade com gestores que tenham um conhecimento abrangente de todas as suas etapas, que conheçam os efeitos do ambiente sobre o processo e ainda que tenham habilidades e a capacidade de influenciar outros gestores e executores". É por isso que a definição da composição do *checklist* deve ser elaborada por essa equipe, conhecedora das rotinas que se quer criar. Visando à transparência e à segurança nos procedimentos adotados pela empresa, essa criação evidencia a seriedade com a manutenção ou aumento do nível de serviço ofertado.

5.4 DISTRIBUIÇÃO DE MERCADORIAS

Agora que as mercadorias já estão carregadas, a empresa passa para a etapa de distribuição. O setor de expedição interliga a empresa ao cliente, e é por meio dessa relação que a mercadoria chega ao destino. Chiavenato (2005, p. 157) salienta que "toda distribuição envolve um sistema complexo de atividades, isto é, um conjunto ou combinação de atividades, formas de venda, intermediários e meios de entrega que constituem um todo integrado e necessário para fazer com que o produto/serviço da empresa chegue até o consumidor final".

Fica aqui uma questão: até onde vai a obrigação da empresa ou do cliente no que tange aos cuidados com a carga?

Por exemplo: se há uma avaria durante o trajeto até o cliente, de quem é a responsabilidade pelo dano sofrido pela carga?

- se for a própria empresa vendedora que está transportando o pedido, é ela a responsável pela guarda e zelo da carga;
- mas se o transporte for feito pelo próprio cliente, a responsabilidade pelas mercadorias passa a ser de quem comprou, já que, nesse caso, o cliente é o encarregado do transporte.

Para que não haja indefinições no transporte, essas questões devem estar pontualmente evidenciadas no contrato de fornecimento, assunto este apresentado no Capítulo 1 – "Atividades antecedentes à chegada da mercadoria".

A agilidade das entregas dos pedidos é motivo de satisfação ou insatisfação dos clientes. Pozo (2017, p. 169) afirma que "a entrega dos produtos ao seu destino, seja ele o consumidor final, o varejista, o atacadista ou outro fabricante, requer especial atenção e plena satisfação de suas necessidades".

Ou seja, não basta o cliente encontrar o que precisa, ele deve sentir que o que foi pedido está e será entregue com todos os cuidados possíveis. Isto também é salientado por Hoffman *et al.* (2013, p. 345), para quem, "muitas vezes, os clientes preferem pagar mais e ficar com a empresa que satisfaça suas necessidades a assumir o risco de ir para uma oferta de serviços de preço mais baixo".

A seguir, alguns pontos serão abordados para um melhor entendimento sobre a distribuição de mercadorias.

5.4.1 ROTA

Para que o pedido chegue na data marcada, é necessária a definição da rota para atendimento dos clientes. Mas o que é esta rota?

O processo de montagem da rota consiste em identificar e estruturar os caminhos a serem percorridos para a entrega dos pedidos feitos pelos clientes. Para a construção das rotas, Novaes (2015, p. 315) afirma que "os modelos de construção partem de um ou dois pontos e vão formando o roteiro mediante o acréscimo paulatino de novos pontos". A sistemática mais simples é ir ligando cada ponto ao seu vizinho mais próximo.

O assunto requer cuidado, e é por isso que a empresa poderá montar um setor apenas para esse propósito. Essa estrutura promove o estudo de algumas variáveis importantes, exploradas a seguir.

5.4.1.1 Software

A utilização de programas de roteirização é o fator principal para a criação do itinerário de entrega. Esses programas informam questões como: tempo de entrega, vias próprias de acordo com o tipo de veículos, ordem e tempo de parada para descarregamento, mudanças inesperadas de trajeto, programação de horários e geração de dados para tomada de decisão. Além disso, com o avanço da tecnologia via satélite, todos esses tópicos podem ser acompanhados on-line, possibilitando uma interação entre o motorista, a empresa e os clientes. Mesmo que o motorista não conheça a rota ou que tenha de mudá-la durante o trajeto, poderá utilizar um sistema de posicionamento on-line para orientação no trajeto.

5.4.1.2 Clientes

A ordem correta das entregas proporciona celeridade, assertividade e redução de gastos desnecessários, objetivando uma maior satisfação dos clientes. Buscando a fidelidade dos clientes, Ratto (2011, p. 84) "determina que cliente fiel é aquele que sempre procura a mesma empresa quando deseja determinado produto ou serviço, consultando e dando preferência a ela no momento da compra".

Assim como qualquer empresa comercial, atender e superar as expectativas dos clientes permite à empresa ter sucesso num mercado bastante competitivo como o de hoje. Os clientes escolhem os produtos com tanta facilidade quanto escolhem quem os fornecerão. Isso quer dizer que todos os que trabalham na empresa são também vendedores, já que cada um tem uma parcela do trabalho em prol do atendimento dos clientes.

5.4.1.3 Veículos

A escolha do veículo deve ser condicionada não apenas ao tipo de mercadoria comercializada, mas outras questões devem ser levadas em conta. Para a operação de coleta e transporte, elucidam Alvarenga e Novaes (2000, p. 174) "a necessidade de atentar para a capacidade física, potência, facilidades de manobra, acesso ao compartimento de carga etc.".

É fato que a empresa poderá não ter condições financeiras suficientes para adquirir todos os veículos para os tipos de mercadorias comercializadas. Por isso, a opção de terceirizar a frota poderá ser considerada para manter os contratos celebrados. Caso a empresa opte por contratar outra para o transporte, a escolha deve ser pautada em indicadores relevantes, eficazes e eficientes.

Caso a empresa tenha frota própria, acrescenta-se aqui o fator humano. O motorista deve ter a habilitação compatível com o veículo e mantê-la em dia, condição psicológica para tomada de decisão no trânsito, habilidades práticas para manobra do veículo e ser obediente às normas de trânsito. Então, não basta ter o transporte adequado, o motorista deve estar capacitado para a realização da tarefa.

5.5 RESUMO

Neste capítulo foram apresentadas as principais questões inerentes ao processo de expedição de mercadorias. Utilizar as ferramentas disponíveis e melhorar os fluxos de atividades permite otimizar os resultados almejados. Algumas empresas alocam pessoal diferente do setor de montagem e separação de pedido. A montagem de cargas considera questões sobre o tipo de veículo (carroceria), quantidade de mercadorias pedidas, ordem de carregamento para entrega e montagem física dos paletes. Isso se torna imperativo quando a empresa não tem à disposição vários tipos de veículos para transporte. Outros pontos a serem destacados são o entendimento das definições das docas e áreas de conferência e do *layout* disponível nos depósitos. Foi evidenciada, também, a necessidade de utilizar o *checklist* para que as rotinas não sejam executadas aleatoriamente. Apesar de este setor ser a parte final da movimentação interna de estoque, a empresa poderá ter responsabilidades no transporte até o cliente.

5.6 DIAGRAMA DO CAPÍTULO

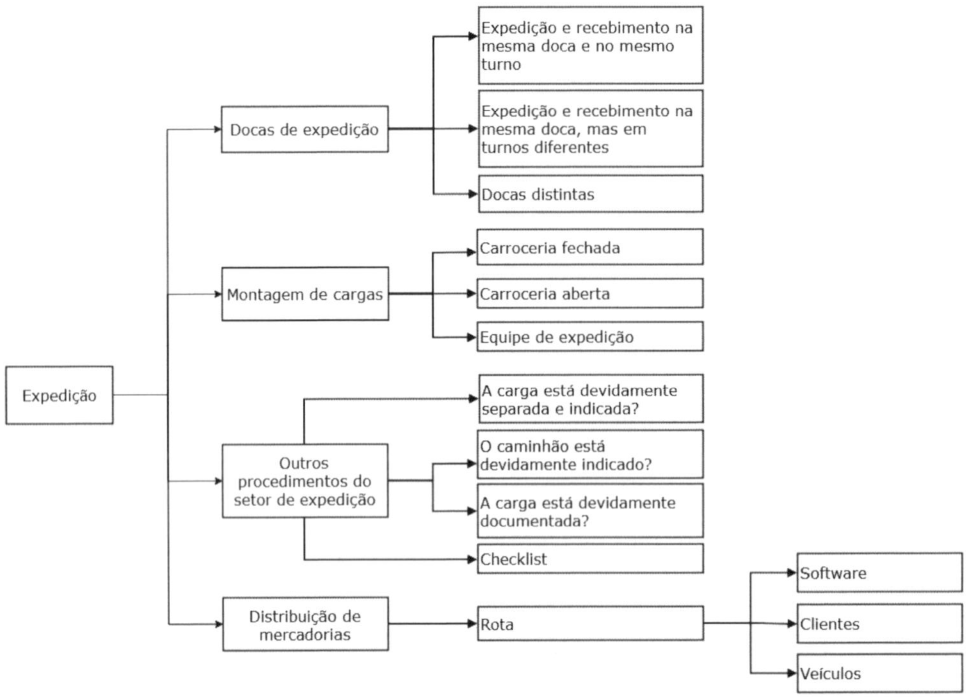

5.7 EXERCÍCIOS DE FIXAÇÃO

1. Defina expedição?
2. Quais são os principais conhecimentos e habilidades que um funcionário de expedição tem de possuir?
3. Como a ferramenta de agendamento, apresentada no Capítulo 1, pode ser adaptada para a expedição? Dê exemplos.

4. Suponhamos que você é o gerente de logística de um armazém e que as docas e as áreas de conferência são utilizadas tanto para recebimento quanto para expedição no mesmo turno. Certo dia, houve um agendamento para recebimento de um pedido com muitos volumes de mercadorias. Nesse mesmo dia, estava definido o atendimento de um grande pedido de um importante cliente. Sabendo que a equipe disponível não conseguirá atender a ambas as atividades e que o horário do expediente não é suficiente, qual o seu critério de atendimento: recebimento ou expedição? Justifique sua resposta.
5. Quais cuidados você elencaria para montar uma carga em um veículo cuja carroceria é fechada?
6. Quais os riscos existentes para a empresa em transportar uma carga cujo peso é maior que o permitido por eixo?
7. Quais as possíveis implicações jurídicas de transporte de cargas sem a nota fiscal?
8. Quais maquinários podem ser utilizados na expedição?
9. Faça um estudo sobre frota própria ou terceirizada.
10. Além dos procedimentos apresentados neste capítulo, quais outros você criaria para uma maior eficiência no setor de expedição?

5.8 REFERÊNCIAS

ALVARENGA, Antônio Carlos; NOVAES, Antônio Galvão. *Logística aplicada*: suprimento e distribuição física. 3. ed. São Paulo: Blucher, 2000.

ARAÚJO, Luis César G.; GARCIA, Adriana Amadeu; MARTINES, Simone. *Gestão de processos*: melhores resultados e excelência organizacional. 2. ed. São Paulo: Atlas, 2017.

BALLOU, Ronald H. *Logística empresarial*: transportes, administração de materiais e distribuição física. Trad. Hugo T. Y. Yoshizaki. São Paulo: Atlas, 2012.

BOWERSOX, Donald J.; CLOSS, David J. *Logística empresarial*: o processo de integração da cadeia de suprimentos. Trad. Centro de Estudos em Logística e Adalberto Ferreira das Neves. São Paulo: Atlas, 2007.

BRITO JÚNIOR, Irineu de; SPEJORIM, Washington. *Gestão estratégica de armazenagem*. Curitiba: Iesde Brasil, 2012.

CHIAVENATO, Idalberto. *Administração de materiais*: uma abordagem introdutória. Rio de Janeiro: Campus, 2005.

GUIA DO TRC. *O que tara, lotação, PBT/PBTC e CMT*. 25 set. 2016. Disponível em: http://www.guiadotrc.com.br/noticias/noticiaid.asp?id=32135. Acesso em: 11 jan. 2020.

HOFFMAN, K. Douglas *et al. Princípios de marketing de serviços*: conceitos, estratégias e casos. Trad. Marilia de M. Z. Ramos Fernandes. São Paulo: Cengage Learning, 2013.

NOVAES, Antônio. *Logística e gerenciamento da cadeia de distribuição*. 4. ed. Rio de Janeiro: Elsevier, 2015.

OLIVEIRA, Djalma de Pinho Rebouças. *Administração de processos*: conceito, metodologia, prática. 5. ed. São Paulo: Atlas, 2013

PAOLESCHI, Bruno. *Almoxarifado e gestão de estoque*. São Paulo: Érica, 2009.

POZO, Hamilton. *Administração de recursos materiais e patrimoniais*: uma abordagem logística. 7. ed. São Paulo: Atlas, 2017.

RATTO, Luiz. *Vendas*: técnicas de trabalho e mercado. Rio de Janeiro: Senac Nacional, 2011.

TADEU, Hugo Ferreira Braga. *Gestão de estoques*: fundamentos, modelos matemáticos e melhores práticas aplicadas. São Paulo: Cengage Learning, 2010.

Blucher